新时代大学生思想道德修养与法律教育实践研究

丁 洁◎著

吉林出版集团股份有限公司

图书在版编目（CIP）数据

新时代大学生思想道德修养与法律教育实践研究 /
丁洁著. — 长春：吉林出版集团股份有限公司，2020.6
ISBN 978-7-5534-5899-1

Ⅰ. ①新… Ⅱ. ①丁… Ⅲ. ①大学生－思想政治教育
－研究－中国 Ⅳ. ① G641

中国版本图书馆 CIP 数据核字（2020）第 162970 号

新时代大学生思想道德修养与法律教育实践研究

著　者	丁　洁	
责任编辑	王　平　白聪响	
封面设计	林　吉	
开　本	787mm×1092mm　1/16	
字　数	220 千	
印　张	9.75	
版　次	2021 年 6 月第 1 版	
印　次	2021 年 6 月第 1 次印刷	
出　版	吉林出版集团股份有限公司	
电　话	总编室：010-63109269	
	发行部：010-82751067	
印　刷	炫彩（天津）印刷有限责任公司	

ISBN　978-7-5534-5899-1　　　　　　　　　　定价：58.00 元

前 言

告别中学时代，迈进大学校门，意味着人生发展到了一个新阶段。在这一阶段，大学生如何认清新的使命，塑造新的形象，全面提升自己的综合素质，对一生的发展至关重要。高校担负着培养社会主义事业的建设者和接班人的重任，在我国向法治社会迈进的过程中，大学生是整个社会中知识层次较高、认识能力较强的一个特殊群体。如何在大学生中加强德育教育与法律教育，如何将思想道德教育同法律教育有机结合起来，对于加强和改进大学生综合素养和法制教育具有非常重要的意义，同时也是高校教育工作者值得认真思考和研究的问题。

本书共十章，主要内容是：大学生肩负着神圣的使命；坚定崇高信念；努力发扬爱国主义精神；创造人生价值；锤炼道德品质；遵守社会公德；培养职业道德和家庭美德；争做道德楷模，遵守法律规范；弘扬法治精神；维护宪法权威。

由于水平有限，加之时间仓促，书中难免存在一些错误和疏漏，敬请广大专家和学者的批评指正。

著 者

2020 年 5 月

目　录

第 一 章　大学生肩负着神圣的使命

第一节　适应大学生的新角色

适应，是行为主体为了更好地生存和发展，对所在社会的客观环境及其发展变化进行了解、顺应、充分利用和改造的一种社会活动。适应的过程包含两种含义：一是善于顺应环境，改变自己以顺应某种变化；二是含有追求、抗争、选择的意思适应的理想状态应是自主性。具有这种内心状态的人是自己命运的主宰者，是无论面临什么样的环境都能决定自己应如何生活、反应和感受的人。适应是人生存的本领、发展的前提和人生永恒的追求。人生的历程就是一个不断适应、超越，再适应、再超越的历程。当代大学生只有具有较强的适应能力，才能较快地进入大学生的新角色，通过不断的学习和发展，为将来适应社会打下基础。

一、适应大学学习

大学学习方式、学习目的、学习内容等与中学有所不同。大学学习方式的最大特点是宽松、自由、自主。为此，必须重新整理自己的学习理念和学习方法，以更好地适应大学学习生活。

（一）树立全新的学习理念

树立自主学习的理念。所谓自主学习就是学习者在明确学习目的后自觉产生并予以实施的学习形态，即变"被动学习"为"主动学习"，变"要我学"为"我要学"，变"占有真理"为"追求真理"。当学习成为一种自觉行为并充满乐趣时，才更为有效。培养自主学习的理念，一般来讲可以通过三步展开：第一步，学习要有计划性，要根据社会的需要和自己的水平、能力制订出明确的学习目标和科学的学习计划；第二步，要充分利用各种辅助工具，如图书馆、网络资源等，带着问题读书，活读书，读活书；第三步，要从心理因素上多下功夫，着重培养自己的自信力、观察力、持久力、理解力和创造力。

树立全面学习的理念。这里的全面，要从两个方面去把握。第一，专业知识要学好，因为这是我们立足社会之本。同时，在学好专业知识的基础上还要博学，因为随着社会的发展，各门学科之间的联系更加紧密，复合型人才需要掌握复合型的知识体系。第二，不但要学习知识，而且要学会做人，做人与做学问同样重要。早在1972年，联合国教科文组织召开国际教育发展会议时，就发表了题为"学会生存——教育界的今天和明天"

的报告。25 年后的 1996 年，"国际全民教育论坛"秘书处在总结了 10 年论坛讨论的主要观点后，指出教育的四大支柱是学会求知、学会做事、学会生存、学会共处。这就使我们从更广的视角去思考大学学习的意义。

树立创新学习的理念。爱因斯坦说："思考，思考，再思考，我就是靠这个方法成为科学家的。"树立创新学习理念就是要善于思考，不断激发自己的创新意识，敢于突破原有的思维定式。同时，不仅只用头脑创新，还要勇于实践，不拘陈规，敢为人先。

树立终生学习的理念。所谓终身学习，就是说学习是一个贯穿人生全过程的行为，也就是我们通常所说的"活到老，学到老"。宋代诗人黄山谷曾说："人如三日不读书，则尘俗生其间，照镜则面目可憎，对人则语言无味。"今日的世界科技突飞猛进，一日千里，知识的更新周期大大缩短。我们看下面的一组数字：据统计，人类科学知识总量在 19 世纪，50 年增加 1 倍；而进入 20 世纪初期，30 年增加 1 倍；50 年代，10 年增加 1 倍；70 年代，5 年增加 1 倍；80 年代，3 年增加 1 倍；90 年代更快。与此相联系，知识更新一次的时间也不断加快，18 世纪为 80~90 年；19 世纪末 20 世纪初为 30 年；现在为 5~10 年。我们所处的时代是一个飞速发展的时代，要想不被时代所淘汰，就应该树立终身求知、终身学习的理念。

（二）培养优良学风

养成优良学风，应在勤奋、务实、严谨、创新上下功夫。

要勤奋，克服懈怠懒惰。这对许多大学生来说是当务之急。许多学生学习不好，不是不聪明，而是懒惰，尤其脱离了高中紧张的学习氛围之后，懈怠就成为许多学生的自然反应。勤奋，就是要发奋努力、不畏艰难、锲而不舍、永不懈怠。马克思说过："在科学上没有平坦的大道，只有不畏劳苦沿着陡峭山路攀登的人，才有希望达到光辉的顶点。"大学学习内容的专业性、系统性特点，在广度和深度上增加了学习的难度，这就要求同学们应更加勤奋，克服懈怠懒惰，通过自己的不懈努力成长为国家的有用之才。

要务实，克服浮躁自大情绪。这是大学学习逐步深入的关键。许多学生的浮躁自大情绪随着挤过千军万马的高考独木桥，不自觉地就会产生。虚心是务实的必然要求，指的是学习上的一种不满足感，一种虚怀若谷、愿意不断求取新知的品格。所以，大学阶段尤其要注重提倡虚心的学习态度，对于大学生来说，要培养扎实打基础、老实做学问的学风，不驰于空想，不骛于虚声，"知之为知之，不知为不知"，不轻信，不弄虚作假，不贪图虚名；培养大海一样宽广的胸怀，谦虚谨慎，戒骄戒躁，永远保持一种积极奋发、昂扬进取的精神状态。

要严谨，避免敷衍草率。养成严谨治学的习惯，是大学生终身学习的保障。坚决反对不求甚解、松松垮垮、功利性学风，要做到严肃、严格、严密。严肃是指认真的学习态度和扎实的学习作风，反对在学习上马虎应付、轻率浮躁的态度；严格是指对知识的掌握要弄懂弄通，对技术的掌握要严守规范，反对粗制滥造和不求甚解，反对急功近利和投机取巧；严密是指对学习、对工作要严谨细致、精益求精，包括在学习的安排上要周全有序，有条不紊地处理学习中的各种关系。作为现代大学生，要自觉抵制学术道德上的不良风气，培养一丝不苟、认真负责的严谨学风，做一个有科学道德和学术道德的人，最后，要创新，避免因循守旧。这是一种学习理念，也是一种学风。在学习上，创新的学风主要表现为能有目的地学习，有明确的目标意识，对自己所要达到的学习要求及其社会价值有所认识，并能主动规划和安排自己的学习；能有选择地学习，根据学习的要求有效地选择自己的学习内容，在大量信息面前，具有捕捉信息、敏锐感受和理解的能力，并能根据自己的需要进行分类、整理；能独创性地学习，不满足于获得现成的答案或结果，对所学的内容能展开独立思考，进行多向思维，能从多种角度去认识同一事物，并善于把它们综合为整体知识；能创造性地运用所学到的内容去适应新的情况，探索新的问题，使自己的视野不断拓宽；能在学习上进行自我调控，对自己的学习动机、学习策略、学习结果等具有自我认识和调控的能力；能主动发现学习中即将出现或已出现的问题，及时采取有针对性的措施；对自己今后的学习前途和人生道路有美好的憧憬和丰富的想象力，并有实现理想的愿望和责任感。

（三）掌握科学的学习方法

大学生明确学习的重要性只是第一步，要实现良好的学习效果，还要针对大学学习的特点，掌握方法，善于学习。毛泽东指出："我们不但要提出任务，而且要解决完成任务的方法问题。我们的任务是过河，但是没有桥或没有船就不能过。不解决桥或船的问题，过河就是一句空话。不解决方法问题，任务也只是瞎说一顿。"提高学习效率，达到学习目的，也要讲究方法。

首先，制订切合实际的学习计划。恩格斯说："没有规划的学习简直是荒唐的。"严密的学习规划是完成学习任务的保证。大学生要从宏观和微观两方面制订个人的学习计划，既要制订大学阶段的整体学习计划，确定所要达到的目标和基本对策，又要制订短期的具体学习计划，确定所要达到的目标和基本对策。计划要切合实际，切实可行，并要根据实际情况的变化常做调整。

其次，掌握读书的艺术。学会在浩如烟海的书籍中选取自己必读之书，需要掌握读书的艺术。浏览是扩大知识面的好方法，如大略了解书的目录和内容提要，掌握新信息。通读是对重点书籍全面阅读，基本掌握书的梗概和内容。精读是选出极为重要的书仔细地读，反复咀嚼，消化理解。浏览要广，通读要快，精读要深；同时还要读思结合，读书不唯书。

最后，科学地运筹时间。凡是在事业上有成就的人，都是珍惜时间、会利用时间的人。达尔文说："我从来不认为半小时是微不足道的一小段时间。"怎样运筹时间呢？要善于利用时间，珍惜零星时间。英国数学家科尔 1903 年因攻克了数学难题而轰动数学界，他正是利用近 3 年的全部星期天来完成这项工程的。我国宋代文学家欧阳修，虽然公务繁忙,但坚持写作。别人不理解他哪来的时间,他说,许多写作是利用"三上",即枕上、厕上、马上来构思的;同时,有效把握今天,今日事今日毕。

二、适应大学生活

大学生活,有了更多的空闲时间,认识了更多来自全国各地的同学朋友,这样的生活对于在父母身边生活了十几年的学生来说,有一些新鲜,有一些好奇,也有一些迷茫。大学生活环境的变化主要表现在两个方面:一是料理生活的独立性增强。在大学里,没有父母可以依靠,独立自主的生活开始了。二是人际交往的广泛性增强。大学的人际关系已不局限于本班、本年级,而是在校内、校外、同学、同乡、师生之间进行广泛的交往,交往的内容也日趋丰富。大学的人际关系虽不像社会中的人际关系那样复杂多变,但相对中学时期的交往对象单一、利益关系简单而言,大学的人际关系也相对复杂。师生之间很难形成中学时期师生间那种紧密关系,同学往往由于生活习惯、兴趣、爱好差异较大,很难一下子形成一种紧密的关系,甚至由于缺乏必要的沟通和理解,往往会因为一些小事而产生摩擦和矛盾。

比尔·盖茨曾说:"生活是公平的,要去适应它。"要有独立生活的意识,敢于面对现实。从一定意义上说,进入大学就意味着独立走向社会,走向生活。在这个新的起点上,为了给自己的人生理想夯实基础,就需要我们勇于面对社会和生活,尽快摆脱依赖、等待和犹豫,树立自信、自律、自立、自强的精神。

要做有心人,细心体察学习。面对新的环境、新的任务、新的情况,大学生随时都会遇到问题、矛盾和困惑。但是大学新生所要面对的问题,往届的学生大都经历过,老师们也思考过,因而向老师、学长及同学们请教,有利于更快地适应大学生活。

要大胆实践,积累生活经验。俗话说"万事开头难",面对生活上的不适应、学习上的困难、人际交往的困惑、经济上的拮据,我们无法回避,只能勇于面对,尝试着去克服。向生活学习,这是大学生最好的力量源泉。

要勇于尝试,善于总结,坚持不懈。要在经历的过程中善于总结经验教训,扬长补短,发挥自己的长处,走一条最有利于自己发展的成才之路。人生中有平川坦途,但也会碰上没有舟船的渡口、没有小桥的河岸,只要坚持不懈地追求,前进中一定会有希望。

除了生活和学习方面之外,大学校园还有一个明显的变化,就是社会性增强。一些学生会走出校园参加多种社会实践活动,一些学生会积极参加一些社团工作,一些学生会寻找各种兼职工作,班级的影响和凝聚力正在逐渐变小,学生社团的影响力却在逐渐增大。作为一种自发性的组织,学生社团的出现和繁荣,说明现代大学生正从单位学生向社会学生转变。有人称,大学是半个社会,大学是进入社会的前站。大学生应积极参加党团组织、学生会、班委会的活动,积极参加社团和兴趣小组活动,要根据自己的特长,在这些活动中发挥自己应有的积极作用,通过锻炼,提升自己的社会活动能力和综合能力。

总之,适应大学生活,就是要适应大学的学习方式、生活方式、人际交往方式等等。

大学生积极适应大学的新生活,顺利度过大学新生期,对于成才具有重要意义。只有在适应的基础上才能奋发图强,才能成为社会主义现代化建设的有用之才。

第二节　树立远大的目标

一、认识时代潮流

一个人只有对环境正确判断、分析和了解,才能够做出正确的人生选择。在经济全球化的今天,大学生必须清楚地了解国内和国际的发展状况,正确认识和把握社会发展的需要,使自己走上成才之路。

(一)科学、和谐发展的中国

改革开放以来,中国的政治、经济、文化、社会等领域发生了深刻的变化,取得了举世瞩目的成绩。

我国的综合国力大幅度提升,国际地位和影响显著提高,中国人民正满怀信心地全面建成小康社会。进入 21 世纪以来,我国经济保持平稳快速发展,2000—2016 年,国内生产总值年均增长约为 9.6%,经济效益明显提高,财政收入连年显著增加,物价基本稳定;社会主义新农村建设取得可喜成绩,区域发展协调性增强;"十二五"计划胜利完成,"十三五"规划进展顺利,改革开放深入推进;财税、金融、价格、行政管理等重点领域和关键环节的改革取得新突破;社会事业加快发展,人民生活进一步改善;中国贸易进出口大幅增加,2012 年首次越过美国,成为世界第一大贸易国。中国的企业"走出去"战略迈出了坚实的一步,中国同世界经济的联系日益紧密,开放型经济进入新的发展阶段。中国坚持独立自主的和平外交政策,各项外交工作积极开展,同各国的交流合作广泛加强,在国际事务中发挥重要的建设性作用,为全面建成小康社会争取了良好的国际环境。中国"睦邻、安邻、富邻"的外交政策得到周边国家的积极认可,我们正努力建设一个持久和平、共同繁荣的和谐世界。这些成就标志着我们在中国特色社会主义道路上迈出新的坚实步伐,极大地增强了全国各族人民战胜困难的勇气和力量,必将激励我们在新的历史征程上继续奋勇前进。

我们在取得巨大成绩的同时,也应该认识到中国的发展还有许多亟待解决的问题。我国生产力水平总体上还不高,自主创新能力还不强,长期形成的结构性矛盾和粗放型增长方式尚未根本改变,影响发展的体制机制障碍依然存在,城乡贫困人口和低收入人口还有相当数量,农业基础薄弱、农村发展滞后的局面尚未改变,缩小城乡、区域发展差距和促进经济社会协调发展任务艰巨,社会建设和管理面临诸多新课题。

新世纪新阶段,我国站在了新的历史起点上。在这个历史新起点,要求我们科学分析我国全面参与经济全球化的新机遇新挑战,深刻把握工业化、城镇化、市场化、国际化深入发展形势下我国各项事业发展面临的新课题新矛盾，深入贯彻落实科学发展观，推进社会主义和谐社会建设。

（二）深刻变化的世界

当今世界正处在大变革大调整之中。

和平与发展仍然是时代主题，求和平、谋发展、促合作已经成为不可阻挡的时代潮流。和平、发展、合作是当今世界的潮流。对于广大发展中国家来说，谋和平、求发展是当务之急，只有维护和平稳定的国际环境，才能实现自身的发展；只有通过发展和增强自身实力，也才能够更好地维护世界和平，发展问题更加突出：发展中国家经济发展困难，影响着发达国家甚至全球经济的发展，发达资本主义国家阻碍发展的危机也十分突出；世界经济全球化和新科技革命向发展中国家以及发达国家提出了新的挑战；同时，在经济全球化背景下，不但发达国家与发展中国家的发展差距在拉大，发展中国家之间的差距也在拉大，发展问题突出出来。

国与国相互依存日益紧密，国际力量对比朝着有利于维护世界和平的方向发展，国际形势总体稳定，但天下并不太平。当前国际形势总体和平、缓和。由于苏联解体，美苏两个超级大国因争夺世界霸权而爆发世界大战的危险已不复存在；发达资本主义国家之间虽然存在矛盾与竞争，但经济全球化使各国的经济联系和依赖日益加深，要求各国加强协调与合作；多极化趋势在全球或地区范围内都有进一步发展；各种区域性、洲际性合作组织空前活跃；各国人民要求平等相待、友好相处的呼声日益高涨，要和平、求合作、促发展已经成为时代的主流。同时，当前国际形势动荡的因素仍然很多。世界热点地区、热点问题不断出现，因民族、宗教、领土等因素而引发的局部战争、冲突时起时伏；西方大国加紧在发展中国家及前苏东地区推行西方式民主和多党政治，给这些国家或地区的不稳定局势增添了新的动荡；"冷战"思维依然存在，霸权主义和强权政治仍然存在，违背国际关系准则、利用人权等借口肆意干涉他国内政的现象时有发生；不公正、不合理的国际经济旧秩序还在损害着发展中国家的利益，贫富差距不断扩大；核武器或大规模杀伤性武器扩散势头难以控制，国际恐怖主义活动猖獗，对地区和世界和平稳定构成了极大威胁。

世界多极化不可逆转。当前，欧盟一体化使欧盟的力量壮大，独立性越来越强；俄罗斯经过发展，经济稳中有升，处理对外关系冷静而且务实；中国经过30多年发展，实力提升很快，国际地位不断提高；日本加速了由经济大国向政治大国迈进的步伐；发展中国家整体力量在增强；潜在的大国印度、巴西的实力在不断增强。世界格局走向多极化，体现了各国和各国人民的共同意愿和利益，有利于避免新的世界大战的爆发，遏制霸权主义和强权政治，维护世界和平与稳定；有利于公正地处理国际问题，推动建立公正合理的国际政治经济新秩序；有利于促进世界政治、经济、文化的协调平衡发展。但同时，世界上"冷战"思维的继续、南北贫富差距的扩大，以及民族分裂和宗教纠纷等，也会对多极化趋势产生各种干扰和冲击,因此,多极化的实现是一个长期和复杂的过程。

经济全球化深入发展。20世纪90年代以来,经济全球化加速发展,各国之间的相互依存日益紧密。2016年中国和美国、欧盟、日本的贸易额均超过3000亿美元,双方已经成为经济利益的攸关方。但是,经济全球化也存在诸多问题:资本流向世界,利润流向西方;一些发展中国家日益被边缘化;全球化带来金融风险(如2008年开始于美国,进而影响世界的金融危机)等等。各国应正确引导经济全球化,趋利避害,实现自身的发展。中国就很好地利用了经济全球化的机遇,迅速发展了自己。经济全球化和政治多极化的发展,给世界和平与发展带来了机遇和有利的条件。包括中国在内的广大发展中国家正努力推动国际新秩序朝更加公正合理的方向发展。

各国综合国力的竞争加剧。当今世界是和平与发展的时代、知识经济的时代、信息化及数字化的时代,综合国力的竞争日趋激烈。谁能在未来的国际格局中获得一席之地,最根本的一点就取决于综合国力的强弱。科技水平和经济实力是综合国力的重要组成部分,为此,各国都在加快科技创新,加速发展经济。目前,美国、欧盟、日本的经济实力在世界排名靠前,它们的科技实力也居于世界领先地位。同时,中国、俄罗斯、印度、巴西等国家都在奋起直追,加速科技创新,努力提高综合国力。中国是这些发展中国家里发展最快的国家。据美国高盛公司预测,中国的GDP将在2015年超过日本,在2039年超过美国,而实际上2010年中国GDP就已超越日本,成为全球第二大经济体,所以中国的发展是充满希望的。在21世纪相当长的时期里,大国之间的竞争将更加激烈,一国优秀人才的多寡将成为竞争胜败的重要因素之一。

科技革命加速推进。在新科技革命的推动下,各国经济增长方式由"外延式"向"内涵式"转化,追求数量和速度的增长方式将让位于追求质量和效益的增长方式,对自然资源的依赖程度相对减少,而对科学技术、信息和人的素质的依赖程度大大加强。目前,在西方发达国家的经济增长中,科学技术所起的作用在70%左右。新科技革命还引发了世界性的产业结构调整。产业因技术水平高低不同,从劳动密集型到资本密集型,再到高科技的知识和信息密集型产业,依次从发达国家向新兴工业化国家和地区及其他发展中国家转移,形成新的国际分工格局。新科技革命使各国的经济联系和协作关系更加紧密,为国际交往提供了前所未有的高效率信息载体,为全球性世界市场的形成提供了技术手段,经济全球化趋势进一步加强。20世纪90年代以来,"知识经济"这一全新概念被广泛接受。在知识经济时代,资源配置以智力资源(包括科学技术及其一切成果和信息)为第一要素,对智力资源的占有比工业经济中对自然资源的占有更为重要。经济信息化成为经济全球化的重要特点之一。

全球和区域合作方兴未艾。世界经济区域集团化虽然在19世纪中期就出现了,但其快速发展则是在20世纪80年代以后。20世纪90年代,世界三大区域经济集团分别是欧盟、北美自由贸易区和亚太经济合作组织。区域集团的各种形式中,自由贸易区的发展形势十分突出。自由贸易协定,尤其是发达国家间签订的自由贸易协定引人瞩目。

在世界范围内，自由贸易区的数量已经达到数十个，范围遍及各大洲。目前的区域集团化组织不仅数量大增，而且合作的深度和广度也都达到了前所未有的新阶段。欧盟、北美自由贸易区、亚太经济合作组织是目前世界上最大的区域集团化组织，随着经济政治一体化进程的加快，对世界经济政治的发展将产生重大而深刻的影响。

二、肩负历史使命

一个人的命运总是和国家的命运休戚相关的。马克思、恩格斯曾经指出："作为确定的人、现实的人，你就有规定，就有使命，就有任务。至于你是否意识到这一点，那都是无所谓的。这个任务是由你的需要及其与现存世界的联系而产生的。"

历史上的一代代先人自觉地肩负起民族的重任。

从1840年鸦片战争开始，中国就开始了100多年的屈辱的近代史。列强瓜分中国，清政府仰人鼻息、任人宰割，签订了多个丧权辱国的不平等条约。清政府被推翻以后，军阀混战，割据称雄，国无宁日，民不聊生。20世纪30年代，日本帝国主义发动侵华战争，东北三省沦陷、华北告急之时，大学生只能发出"华北之大，已经安放不下一张平静的书桌"的哀叹。1919年，青年学生作为广大民众中觉醒的第一批人，掀起了轰轰烈烈的五四爱国运动。中共一大的13名代表平均年龄只有28岁，最年轻的仅19岁，他们中许多人都成为后来中国革命的中坚。这一时期，青年学生们纷纷将"救国、救民"作为自己的最高使命。

新中国成立以后，以毛泽东为首的中国共产党第一代领导集体带领全国人民取得了社会主义革命和建设的伟大成就。新中国成立之初，一大批年轻人在党的召唤下到苏联学习，用所学知识投入到百废待兴的祖国建设之中。

改革开放以来，我们取得了巨大的成就。进入21世纪以来，中国的综合国力不断增强，国际影响力不断扩大，国际地位不断提高。"中国引擎""中国特需""北京共识"等词语生动地描述了中国的发展。30多年改革开放的伟大历史进程使中国人民的面貌、社会主义中国的面貌发生了历史性的变化。所有这些表明，中国的发展已经进入新的历史阶段，中国人民正站在新的历史起点上。夺取全面建成小康社会的胜利，实现中华民族的伟大复兴，应该是新世纪大学生的崇高理想追求，也是大学生光荣而艰巨的历史责任。

时代需要英才，希望在于青年大学生只有充分了解当今世界的基本特征，正确认识中国的基本国情、现阶段的任务、面临的挑战，理解国家对人才培养的要求，才能意识到自己肩负的使命和责任，自觉地把个人的奋斗目标与国家的发展有机结合起来，也才能成长为适应21世纪中国社会主义发展的栋梁。

三、明确成才目标

伴随着经济全球化和科学技术的突飞猛进，21世纪将是一个竞争激烈与交往频繁的世纪。中华民族的振兴，为当代大学生成才展示了广阔的前景，创造了优越的条件，提供了各种机遇,同时也提出了更高的要求。因此,大学生要顺应历史潮流,把握自己的历史使命,担当起实现中华腾飞的重任。

历史上的优秀人物都是很早就立下一生的奋斗目标。马克思在中学时期就立志要为人类幸福而奋斗。这样的崇高志向激励着他不断奋发图强,激励着他克服各种困难,激励着他在实现一个阶段目标之后迈向更高的目标。可以说,立志越早,人生越有方向,精力越专注,目标越容易实现。大学阶段是人生发展的关键时期,如果这个时期还没有明确的志向,学习和生活就会漫无目的,时间和精力就会不自觉地浪费和耗费掉。所以,要了解当前社会发展对于成才标准的界定,即成为德智体美全面发展的社会主义建设者和接班人,然后结合自己的专业方向以及其他方面的实际,总结出更具体的成才志向,铭刻在心,时时提醒自己,不断激励自己为了成才而努力。

人才的标准是和一定的社会历史条件紧密联系的。大学生要顺应历史潮流,把握自己的历史使命,担当起实现中华腾飞的重任。大学生成才的总体目标就是要按照全面发展的人才要求塑造自己,使自己成为有理想、有道德、有文化、有纪律的全面发展的社会主义事业的建设者和接班人。而具体又可以从以下几方面加以确立:"德"是人才素质的灵魂,"智"是人才素质的基础,"体"是人才素质的条件,"美"是人才素质的重要内容。这几方面相互促进,相得益彰,缺一不可。

四、塑造崭新形象

面对新的时代要求,面对大学新生活的新要求,应该如何塑造崭新形象,从而开始新的人生旅程呢? 江泽民同志在《庆祝清华大学建校九十周年大会上的讲话》中明确提出了"成为理想远大、热爱祖国的人;成为追求真理、勇于创新的人;成为德才兼备、全面发展的人;成为视野开阔、胸怀宽广的人;成为知行统一、脚踏实地的人"的要求。这"五个成为"是当代大学生全面发展的目标要求和具体体现,是当代大学生精神风貌和素质要求的核心。大学生要成为中国青年的示范表率,应从以下几方面塑造新形象。

理想远大,热爱祖国。爱因斯坦曾说:"人只有献身社会,才能找出那实际上是短暂而有风险的生命的意义。"当代大学生应把自己的崇高理想具体落实到建设中国特色社会主义事业上来,始终以国家富强和人民幸福为己任。同学们生逢报效祖国和人民的极好历史机遇,要把为振兴中华做贡献作为自己的奋斗目标,要把追求个人人生价值与热爱祖国、报效祖国结合起来。

追求真理,善于创新。大学生风华正茂,充满朝气,要善于发挥思维敏捷、富于创造活力、率性求真的优势。要坚持追求真理的精神,勇于创新,善于从马克思主义理论中汲取营养,树立科学的世界观,把握正确的方法论,做科学探索和创新的先锋。要夯实科学文化知识基础,掌握创新的技能,提高持续创新的能力,使自己成为祖国和人民需要的、富有创新精神的高素质人才。

德才兼备,全面发展"德"是人才素质的灵魂。一个人道德品质不好,与社会格格不入,只能给社会带来危害,很难做出贡献。特别是在如今社会主义市场经济体制下,"德"在青年人成长成才的过程中发挥着越来越突出的作用。同学们应当学习和践行社会主义核心价值体系,牢固树立社会主义荣辱观,以理想信念为核心,以爱国主义为重点,以公民基本道德规范和遵纪守法为基础,以全面发展为目标,自觉接受社会主义思想道德教育和法制教育,促进思想道德素质、科学文化素质和健康素质协调发展。"智"是人才素质的基础。"智"是大学生的实际本领,是能否成为对国家、对人民有用的人才的重要基础。在大学阶段,同学们需要努力学习科学文化知识,掌握本专业比较系统的基础理论和应用技能,不断拓展自己的知识领域,培养解决理论和实际问题的能力,培养实践能力和创业精神。"体"是人才素质的条件。健康的体魄是大学生为人民服务的基本条件,是中华民族旺盛生命力的体现。在大学阶段,同学们要了解体育运动的基本知识,掌握科学锻炼身体的基本技能,积极参加体育锻炼,养成锻炼身体的良好习惯。只有身体健康才能胜任时代赋予大学生的光荣使命。"美"是人才素质的重要内容。一切美好的事物都会使人赏心悦目。美不仅能陶冶情操,还有助于开发智力,对于促进大学生全面发展具有不可替代的作用。在大学阶段,同学们需要提高文化艺术素养,认清什么是美,并且学会欣赏美,懂得珍惜美,不断提高自己的审美水平。德、智、体、美这四方面相互促进,相得益彰,缺一不可。大学生的成才目标就是德、智、体、美的全面发展,是思想道德素质、科学文化素质和健康素质的全面提高。

视野开阔,胸怀宽广。当代大学生应当学会以开阔的视野观察不断发展的中国,观察日新月异的世界;用宽广的胸襟向历史学习,向人民群众学习,向其他民族学习。前全国政协外事委员会副主任、国际展览局主席吴建民在上海青年"今天我怎样成长"的主题活动"青年与世界"专题讲座中曾经寄语青年:既要重新认识中华文化,又要有世界眼光,我们要避免狭隘的民族主义,在报效中华的同时造福世界,把爱国主义与国际主义结合起来;在维护祖国的尊严、荣誉与利益中实现个人的发展和人生价值,知行统一,脚踏实地。一个大学生如果能够从身边的事情做起,从具体的事情做起,做到言行一致,踏踏实实做人,认认真真做事,他的人格必然会不断得到完善。

第三节　践行社会主义核心价值体系

社会主义核心价值体系是党中央在新时代提出的一个科学命题,是建设社会主义和谐社会的重要保证和根本指针,为高校努力培养中国特色社会主义事业的合格建设者和可靠接班人指明了方向,是高校思想道德教育长期坚持的主题。因此,大学生要深刻认识社会主义核心价值体系的深刻内涵,注重用社会主义核心价值体系引导自己的思想道德修养,认识学习和践行社会主义核心价值体系的重要意义,促进大学生健康成长,全面发展。

一、社会主义核心价值体系的科学内涵

一个民族、一个国家、一个社会的价值观念及其核心价值体系的形成和发展，都是基于一定时空体系内发展的民族、国家和社会的历史性和时代性的反映，并且以理想的形态引导、塑造着这个民族、国家和社会的历史发展进程。在中国古代，先秦典籍《管子·牧民》就提出过"国之四维，一维绝则倾，二维绝则危，三维绝则覆，四维绝则灭。倾可正也，危可安也，覆可起也，灭不可复错也。何谓四维，一曰礼，二曰义，三曰廉，四曰耻"。后来，"礼义廉耻，国之四维"之说融入儒家礼教思想之中，成为中国封建社会的核心价值体系。随着中国社会发展进程的深入，人们越来越认识到，只有经济发展是不够的，必须伴之以一种具有凝聚力的文化认同力量。这种凝聚人民、动员人民、激发人民创造力的文化力量，就是我们今天所说的核心价值观念。

党的十六届六中全会通过的《中共中央关于构建社会主义和谐社会若干重大问题的决定》强调："建设和谐文化，是构建社会主义和谐社会的重要任务。社会主义核心价值体系是建设和谐文化的根本。"在这里第一次提出建设社会主义核心价值体系的战略任务，这无论对于深化中国特色社会主义本质的认识，还是对于大力推进和谐文化、和谐社会建设，都具有十分重要的意义。党的十七大报告进一步明确指出："建设社会主义核心价值体系，增强社会主义意识形态的吸引力和凝聚力。"这是首次将社会主义核心价值体系纳入报告中。

社会主义核心价值体系是与当代中国的社会主义基本制度和根本性质紧密联系在一起的，集中体现了中国特色社会主义经济、政治、文化和社会发展的内在规定、要求和目标取向。社会主义核心价值体系，是社会主义制度的内在精神和灵魂，是社会主义意识形态的主体和根本，对社会的发展起着主导和支配作用。社会主义核心价值体系是社会主义意识形态的本质体现。要巩固马克思主义指导地位，坚持不懈地用马克思主义中国化最新成果武装全党、教育人民，用中国特色社会主义共同理想凝聚力量，用以爱国主义为核心的民族精神和以改革创新为核心的时代精神鼓舞斗志，用社会主义荣辱观引领风尚，巩固全党全国各族人民团结奋斗的共同思想基础。

（ ）马克思主义指导思想，是社会主义核心价值体系的灵魂

我们是社会主义国家，马克思主义是我们立党立国的根本指导思想，是社会主义意识形态的旗帜。它为我们提供了科学的世界观和方法论，决定着社会主义核心价值体系的性质和方向。

一个产生于150多年前的理论，今天为什么还要坚持呢？坚持马克思主义，是因为它是科学真理，它把严格的科学性和高度的革命性有机结合起来，揭示了人类社会的发展规律。综观当今世界，各种理论思潮、流派纷呈林立，但不容否认，马克思主义仍然处于

人类社会思想史的高峰，仍然是指引人类前进的一盏明灯。马克思主义是一个开放的理论体系，它始终以客观事实为根据，吸收、借鉴和融合各种优秀的思想文化成果，在实践中不断前进、不断发展。90多年来，中国共产党坚持马克思主义基本原理同中国实际相结合，先后形成了毛泽东思想、邓小平理论、"三个代表"重要思想这3大理论成果，提出了科学发展观等一系列重大战略思想，不断赋予马克思主义以勃勃生机。正是在中国化马克思主义的指导下，我们党不断从胜利走向胜利，把一个贫穷落后的中国发展成为一个初步繁荣昌盛、欣欣向荣的中国。

（二）中国特色社会主义共同理想，是社会主义核心价值体系的主题

这一共同理想，就是在中国共产党的领导下，走中国特色社会主义道路，实现中华民族的伟大复兴。回顾近代以来一百多年的历史，实现民族复兴是中华儿女世世代代的追求和梦想。新中国成立后，我们党在领导人民建设社会主义的过程中，找到了建设中国特色社会主义的正确道路。这条道路既坚持了科学社会主义的基本原则，又根据我国实际赋予其鲜明的中国特色，赋予民族复兴新的强大生机。改革开放以来，社会主义制度又在除弊创新中自我完善和发展，经济社会发展取得了举世瞩目的伟大成就，更加坚定了全国各族人民实现共同理想的信念。

理想是灯塔，是风帆，引领着社会进步。中国特色社会主义共同理想，是当代中国发展进步的旗帜，是动员、激励全国各族人民团结奋斗的旗帜。它反映了我国最广大人民的根本利益、共同愿望和普遍追求，既实在具体又鼓舞人心。它把国家的发展、民族的振兴与个人的幸福紧密联系在一起，把各个阶层、各个群体的共同愿望有机结合在一起，具有强大的感召力、亲和力、凝聚力。

（三）以爱国主义为核心的民族精神和以改革创新为核心的时代精神，是社会主义核心价值体系的精髓

民族精神和时代精神是一个民族赖以生存和发展的精神支撑。在五千年历史演进中，中华民族形成了以爱国主义为核心的团结统一、爱好和平、勤劳勇敢、自强不息的伟大民族精神；在改革开放新时代，中华民族形成了勇于改革、敢于创新的时代精神。二者相辅相成，相互交融，已深深熔铸在中华民族的生命力、创造力和凝聚力之中，共同构成中华民族自立自强的精神品格，成为推动中华民族伟大复兴的精神动力。

千百年来，无论面对多少困难挫折，面临多少艰难险阻，中华民族都始终高擎民族精神和时代精神的火炬。中华民族生生不息、薪火相传、奋发进取，靠的就是这样的精神；中华民族抵御外来侵略、赢得民族独立和解放，靠的就是这样的精神；在新的历史时期，抓住机遇，加快发展，由贫穷走向富强，靠的也是这样的精神；实现全面建成小康社会的宏伟目标和中华民族的伟大复兴，还是要靠这样的精神。只有大力弘扬民族精神和时代精神，才能传承中华民族历经磨难而不倒、饱经风霜而弥坚的精神实质，不断拓展我们民

族自强不息、团结奋进的精神内涵,不断增强我们民族的自尊心、自信心和自豪感,使各族人民始终凝聚在爱我中华、振兴中华的旗帜下。

（四）社会主义荣辱观,是社会主义核心价值体系的基础

一个社会是否和谐,一个国家能否实现长治久安,很大程度上取决于全体社会成员的思想道德素质。只有分清荣辱,明辨善恶,一个人才能形成正确的价值判断,一个社会才能形成良好的道德风尚。在我们这样一个有13亿多人口、56个民族的发展中大国,实现事业发展、社会和谐的目标和追求,既需要巩固马克思主义在意识形态领域的指导地位,需要树立正确的理想信念,需要倡导伟大的民族精神和时代精神,也需要确立起人人皆知、普遍奉行的价值准则和行为规范。

以"八荣八耻"为主要内容的社会主义荣辱观,概括精辟,内涵深刻,贯穿社会生活各个领域,覆盖各个利益群体,涵盖了人生态度、社会风尚的方方面面。它把与社会主义市场经济体制相适应、与社会主义法律规范相协调、与中华民族传统美德相承接的社会主义思想道德观念有机融合在一起,鲜明地指出了什么是真善美,什么是假恶丑,以何为荣,以何为耻,为人们在社会主义市场经济条件下判断行为得失、做出道德选择、确定价值取向,提供了基本规范。树立社会主义荣辱观,使社会成员都能知荣弃耻,褒荣贬耻,扬荣抑耻,社会主义核心价值体系才能有所依托、有所体现。

社会主义核心价值体系结构严谨,定位明确,层次清晰,是完整的、系统的。它既坚持了社会主义又有中国特色,既总结了成功经验又有新的提升概括,既反映了现实的迫切需要又是能够通过努力实现的,可以最大限度地促进和形成全社会的共识。

马克思主义指导思想,中国特色社会主义共同理想,以爱国主义为核心的民族精神和以改革创新为核心的时代精神,社会主义荣辱观,这四个方面构成社会主义核心价值体系的有机整体。每一方面各具功能,各有侧重,相互联系,不可分割。马克思主义指导思想作为社会主义核心价值体系的灵魂,解决的是举什么旗的问题,是整个社会主义核心价值体系的理论基础,居于统领地位;中国特色社会主义共同理想作为社会主义核心价值体系的主题,解决的是走什么道路、实现什么样目标的问题;民族精神和时代精神作为社会主义核心价值体系的精髓,解决的是应当具备什么样的精神状态和精神风貌的问题;以"八荣八耻"为主要内容的社会主义荣辱观作为社会主义核心价值体系的基础,解决的是人们行为规范的问题,它以基本行为规范的方式涵盖了社会主义核心价值体系其他三个方面的内容并使之具体化,从而让社会主义核心价值体系落到了实处,有了依托。社会主义核心价值体系回答了我国意识形态领域的根本问题,体现了我国最广大人民的利益,是一个结构完整、逻辑缜密的科学体系。

二、学习和践行社会主义核心价值体系的重要意义

任何社会都有自己的核心价值体系。核心价值体系是社会意识的本质体现,决定着

社会意识的性质和方向。社会主义核心价值体系是与当代中国的社会主义基本制度和根本性质紧密联系在一起的，集中体现了中国特色社会主义经济、政治、文化和社会发展的内在规定、要求和目标取向。

（一）社会主义核心价值体系是构建和谐社会的精神支柱

为了构建社会主义和谐社会，我们要坚持以社会主义核心价值体系引领社会思潮，尊重差异，包容多样，最大限度地形成社会思想共识。就文化而言，不仅每个民族都有与其他民族相互区别的文化，而且同一个民族内部也不是完全同质的。单一的文化会因时间的流动而划分为不同历史阶段的文化，因空间展开的序列而形成不同的亚文化——都市文化、乡村文化、宗教文化、商业文化、政治文化、企业文化、学院文化、大众文化等。在这种情况下，一方面，我们必须坚持社会主义核心价值体系的主导地位，因为它集中体现了全国各民族人民的共同理想、文化认同和价值追求；另一方面，我们又必须尊重人民群众的利益差异和文化差异，引领、改造、提升、整合不同的社会观念。同时，我们不仅应该鼓励公民树立团队精神，而且应该鼓励公民之间更广泛地交往。

目前，在经济全球化和各种思想文化思潮相互激荡的情形下，在国际交往中我们应该通过相互尊重、和平共处、共同发展，提高我们的民族文化和中国特色社会主义价值体系的影响力。这就是说，在和平发展的进程中，我们不仅要发展自己的硬实力，也要发展自己的软实力。发展软实力既可以增强内部凝聚力，形成强大的文化认同感，也可以缓解外界对我们的硬实力发展的不利反应，为硬实力的发展创造良好的条件。同时，软实力本身也是综合国力和影响力的重要组成部分。

社会主义核心价值体系是维系社会健康协调运转的精神纽带，推动社会不断发展的精神动力，指引社会前进方向的精神旗帜。我们必须坚持马克思主义在意识形态领域的指导地位，牢牢把握社会主义先进文化的前进方向，弘扬民族优秀文化传统，借鉴人类有益的文明成果，倡导和谐理念，培育和谐精神，进一步形成全社会普遍认同的共同的理想信念和道德规范，打牢全党全国各族人民团结奋斗的思想道德基础。

（二）社会主义核心价值体系是建设和谐文化的根本

价值观是文化的核心。坚持什么样的文化方向，建设什么样的文化，就是坚持和倡导什么样的价值观。社会主义核心价值体系是社会主义文化的内在精神和生命之魂，建设和谐文化就是必须紧紧抓住社会主义核心价值体系这个关键和根本。

在和谐文化建设中坚持马克思主义的指导地位，就是坚持指导思想的一元化。只有坚持以马克思主义为指导，才能有效引领和整合社会思潮，才能保证和谐文化建设沿着正确的方向发展，才能为构建社会主义和谐社会提供智力支持和精神支撑。历史和现实告诉我们，只有用马克思主义的立场、观点和方法正确认识经济社会发展的方向，正确认识社会思想意识中的主流和支流，才能在扑朔迷离的文化现象中看清本质、明确方向。

当前,在各种思想文化相互交织、相互激荡的复杂背景下,只有深刻认识和正确把握社会主义核心价值体系,才能抓住社会主义社会的价值需要、价值创造、价值实现的关键,形成全民族奋发向上的精神力量和团结和睦的精神纽带。

（三）社会主义核心价值体系也是引领当代大学生成长成才的根本指针

社会主义核心价值体系为当代大学生加强自身修养、锤炼优良品德、成长为德智体美全面发展的社会主义事业的合格建设者和可靠接班人指明了努力方向,提供了发展动力,明确了基本途径。当代大学生只有自觉学习和践行社会主义核心价值体系,才能健康地成长为有理想、有道德、有文化、有纪律的社会主义"四有"新人。

三、学习和践行社会主义核心价值体系

社会主义核心价值体系是党中央在新时代提出的一个科学命题,是建设社会主义和谐社会的重要保证和根本指针,为高校努力培养中国特色社会主义事业的合格建设者和可靠接班人指明了方向,是高校思想道德教育长期坚持的主题。因此,高校要引领大学生深刻认识社会主义核心价值体系融入国民教育全过程的重要意义,引领大学生认识社会主义核心价值体系的深刻内涵,注重用社会主义核心价值体系引导大学的思想政治教育,促进大学生健康成长、全面发展。

社会主义核心价值体系是大学生思想道德建设的根本。社会主义核心价值体系作为社会主义文化的核心内容和精华部分,为人们的社会活动提供了基本的价值标准,有利于引领全体社会成员在思想道德上共同进步,促进全社会道德建设,是鼓舞中华民族奋发向上的精神动力。大学生道德属于社会道德、精神文明与社会文化的范畴,社会主义核心价值体系也必然对重构大学生道德产生积极的影响。

社会主义核心价值体系是大学生思想道德建设的重要保证。人才的竞争实质就是人才的思想道德素质的竞争。当代大学生是民族之精英,其思想道德素质关系着祖国的命运与前途。在多样化的思想观念和社会思潮的背景下,应以具有广泛感召力的社会主义核心价值体系引领和整合多样化的思想观念和社会思潮,尊重差异,包容多样,最大限度地保证大学生道德建设的内容和方向。

社会主义核心价值体系是大学生思想道德建设的核心内容。社会主义核心价值体系包含中国化的马克思主义、社会主义理想、为人民服务、集体主义、诚实守信等基本内容。只有坚持社会主义核心价值体系,才能以人的全面、自由发展要求去解决人的生活方式中物质追求与精神追求的矛盾,更好地形成社会的文明道德风尚。社会主义核心价值体系代表了中国特色社会主义社会的主流价值,提供了和谐社会建设所需要的文化认同和价值追求。马克思主义是立党立国的根本指针,是社会主义意识形态的灵魂。中国特色社会主义的共同理想是实现中华民族伟大复兴的必由之路。以爱国主义为核心的民族精神和以改革创新为核心的时代精神,是中华民族生生不息和不断创新的力量源

泉。荣辱观是中华民族传统美德，反映了社会主义道德的基本要求。只有用社会主义核心价值体系来引领多元化的价值观念和社会思潮，在尊重差异中扩大社会认同，在包容多样中增进思想共识，才能打牢大学生的思想道德基础，所以必须以社会主义核心价值体系作为大学生道德重构的核心内容。

青年时期是一个人世界观、价值观、人生观逐步形成的重要时期。作为新时代的大学生，我们应该深刻领会社会主义核心价值体系的科学内涵，自觉践行社会主义核心价值体系，成为学习和践行社会主义核心价值体系最积极、最活跃的群体。

一是要以马克思主义中国化的理论成果武装自己的头脑。现在很多人都不学马列主义，部分青年人在不良文化影响下还产生政治信仰淡漠，是非观念混淆，价值取向日趋"多元化""功利化"。基于此，大学生应该用理论联系实际解决三方面的问题：第一是对中国共产党正确性、先进性的认识和信仰，树立跟共产党走，投身中国特色社会主义事业的人生理想和政治信念，立志为中华民族的伟大复兴贡献青春和力量；第二是对以人为本的科学发展观的认同和拥护，树立全心全意为人民服务，一切为了人民利益的价值取向，勤奋学习，全面发展，立志为又好又快地全面建成小康社会贡献聪明才智；第三是对实现社会主义和谐社会战略目标的向往和参与，学会尊重、宽容、谦让，为促进家庭和谐、人际和谐、社会和谐贡献爱心和辛劳。

二是要以中国特色社会主义共同理想鼓舞、感召自己的心灵。理想是人们对美好生活的向往和追求，是一个国家和民族奋勇前进的精神动力。大学生要以"在中国共产党的领导下，走中国特色社会主义道路，实现中华民族的伟大复兴"这一共同理想鼓舞自己，使自己正确认识国家、民族的前途和命运，不断增强对中国共产党领导、社会主义制度、改革开放事业、全面建成小康社会目标的信念和信心，把个人追求融入全体人民的共同追求之中，把个人奋斗融入建设中国特色社会主义的伟大实践之中。

三是要以民族精神和时代精神激励自己的斗志。以爱国主义为核心的伟大民族精神和以改革创新为核心的时代精神，已经深深融入我们的民族意识、民族品格和民族气质，融入我国经济、政治、文化、社会建设的各个方面，成为各族人民不断开创中国特色社会主义事业新局面的强大精神力量。大学生要大力弘扬以爱国主义为核心的伟大民族精神和以改革创新为核心的时代精神，增强自己投身改革开放和现代化建设的责任感和使命感。

四是要以社会主义荣辱观引导自己的行为。以"八荣八耻"为主要内容的社会主义荣辱观是与社会主义市场经济相适应、与社会主义法律规范相协调、与中华民族传统美德相承接的社会主义思想道德体系的全面系统的表述，是全体社会成员的基本价值准则和行为规范。但是由于成长环境的巨大变化，多元的格局，利益的冲突，观念的碰撞，体制的摩擦，加上不良文化的侵袭，部分青年在是与非、正与邪、善与恶、真与伪、贵与贱、美与丑之间标准迷乱，良知扭曲，有的甚至是非混淆，荣辱颠倒，美丑错位，破坏公德以致违法犯罪。这就要求我们以"八荣八耻"的社会主义荣辱观为指导，提高鉴别能力，在思想上筑起道德的防线，用"八荣八耻"规范自己的言行，努力锻炼成长为有远大理想、美好心灵、健全人格、局尚品质和健康体魄的新一代公民。

坚定崇高信念

崇高的理想和信念是激励大学生不断奋发有为、自强不息的强大动力。崇高的理想能够不断提升一个人的人生境界,坚定的信念使人们在面对任何挫折和苦难的时候,能够坚忍不拔、勇往直前。青年大学生正处于确立理想和信念的关键时期,要树立远大的理想,坚定崇高的信念。

第一节 理想信念与大学生成才

一、理想

(一)理想的含义和特征

理想从一定意义上讲,是指人们在实践中形成的、有可能实现的对未来社会和自身发展的向往与追求,是人们的世界观、人生观和价值观在奋斗目标上的集中体现。

理想是人类特有的精神现象。马克思认为,理想是人的本质规定性之一。马克思在《资本论》中曾提出过这样一个著名的思想:"最蹩脚的建筑师也要比蜜蜂高明,因为建筑师在劳动过程开始之前,未来的结果已存在于观念之中了。"人类在创造历史的活动中,无论从事哪一项事业,对自己活动对象的未来状态都在观念中有一个自觉的意识建构。这种对事物未来状态的自觉意识建构,我们可以统称为理想。从这点上讲,人类和动物界的区别,除了人类活动总有其自觉的理想建构之外,很难再有别的什么标志了。

理想是一定社会关系的产物,具有一定的时代性。由于各个历史时代的生产力发展水平不同,社会实践的广度和深度不同,社会性质和人们所处的经济政治文化地位不同,所处的阶级关系与阶级地位不同,对社会规律的把握和认识也不同,人们所追求的理想也就不同。在阶级社会中,还会带有明显的阶级性。因此,理想不仅受一定社会条件制约,而且随着时代的发展变化而变化。

理想源于现实,又超越现实。理想在现实中产生,但它不是对现状简单的描绘,而是与奋斗目标相联系的未来的现实,是人们的要求和期望的集中表达,它激励着人们在现实生活中一步步地去实现理想目标而奋科学的理想不同于人们头脑中的幻想和空想。理想是以正确的世界观为指导的,它体现了事物发展的客观规律,并且有可能实现。幻想来源于人类的社会生活,它是人们为更美好的未来而奋斗的动力。旧的幻想实现以后,人们又可能产生新的幻想,并为更高的幻想而奋斗。空想虽然也是人们对未来的一种想象,也反映了人们一定的追求和目标,但它是缺乏客观依据的随心所欲的想象,是违背社会发展规律的,是不能够实现的。

理想要通过人们的实践活动才能变为现实,因此具有预见性和指向性。

(二)理想的类型

从性质上划分,理想有科学与非科学之分,又有崇高与平庸、卑劣之别。凡是符合事物发展规律的理想,是科学理想;凡是不符合或违背事物发展客观规律的理想,是非科学理想。我们倡导树立科学的、崇高的理想,因为它符合事物发展规律,又有实现的可能性,并且符合祖国、人民乃至全人类的根本利益,又能最大限度地实现个人的价值。

从主体上可以把理想划分为个人理想和社会理想。个人理想是指作为个体对自己未来所产生的种种向往和设计。社会理想是指社会主体乃至社会全体成员的共同奋斗目标,是对未来社会政治制度和结构的要求与构想,是对未来社会面貌的预见。个人理想和社会理想是辩证统一的。

从时间上可以把理想划分为远大理想和近期理想。远大理想由若干个近期理想组成,远大理想的方向性较强,近期理想的实践性更突出,这反映了个人和社会追求的最终目标与具体目标的关系。

从内容上可以把理想划分为社会理想、道德理想、生活理想和职业理想。社会理想是人们的社会政治立场和世界观在奋斗目标中的集中体现,也是人们其他方面具体理想和行为的根本准则。社会理想贯穿于道德理想、生活理想和职业理想之中,它决定着人生理想的方向、性质,是人生理想的核心。道德理想是一定社会人们对理想人格的向往和追求,是做人的楷模和标准。全国道德模范的本质就是道德理想的楷模。生活理想是人们对自身物质生活、精神生活、婚姻生活的向往和追求。生活理想处于理想的初级层次,是其他理想赖以确立的基础。生活理想有明显的个体性,现实生活中每个人都有自己具体的生活理想。每个人处于不同的发展时期,其生活理想也是不同的,同时生活理想还与不同的社会历史条件有着紧密的联系。生活理想是与人们的生活十分贴近的目标,对社会生活的个体发展具有重要的影响。职业理想是人们对未来职业及工作成就的向往和追求,它既包括对职业的选择,也包括对职业的认识和态度。职业理想是人们对特定工作职业的认知,包括对职业的兴趣考虑,对职业环境、收益的考虑。职业理想在人们的社会生活中占有重要地位,甚至影响人的一生。这四种类型的理想是相互联系、相互影响和相互制约的,其中起主导作用的是社会理想,它从根本上决定了其他理想的发展。

二、信念

(一)信念的内涵和特征

信念同理想一样,也是人类特有的一种精神现象。信念是认知、情感和意志的有机统一体,是人们在一定的认识基础上,对某种思想理论、学说和理想坚信不疑,并把它奉为自己的行为准则,愿以坚强的意志与决心去执着追求、坚决执行的精神状态。信念同理想一样也是人们精神世界的支柱,是世界观、人生观与价值观的集中体现。确立什么样的信念,以什么信念作为自己追求的目标,决定了每个人精神世界的层次,也直接或间接地决定了每个人的行为与思维方式。信念一旦确立,作为对人、对事、对社会发展的坚定看法,它就会成为人生发展的强大精神动力,使人们牢固地恪守它,追求和实现人生目标。

信念是人们在生活与实践中确立起来的,用以支撑人们精神世界的价值观念框架。它既具有一般认识的性质,也具有特殊性。同其他认识一样,它产生于人们长期的社会生活实践基础,是人们生活经验与人生体验的反映;但与其他认识又有所不同,它与"信"相联系,在这种观念中灌输了价值肯定、确认、认同的成分;同时,在信念中包含有较为强烈的情感价值取向和心理偏执倾向。信念是以一定的认识为基础,包含认识,并在认识的基础上产生某种感情、意志,从而接受某种理论主张或思想见解及理想,并愿为其实现而坚持不懈地努力的一种综合的精神状态,而不是一种单纯的知识或想法,信念的基础是相信。信念的形成是对信心、信任的进一步深化、坚定的过程,伴随着意志的形成与坚定。

信念从本质上说是"三个统一":

其一,信念是精神需求与行为动机的统一。在社会实践中,人们产生了精神需要,为了满足这个需要的愿望,引起人们对对象世界活动的要求,也就是产生了满足需要的行为动机。正是在精神需要的推动下,人们勇敢地、自觉地、坚定地去追求和实现自己的信念。在这里,信念是需要的反映,是自身追求需要的动机,需求和动机达到了高层次统一。

其二,信念是逻辑规定与价值规定的统一。一方面,信念所肯定和认同的客观逻辑在其发展过程中,有时可能出现偏差,与人的意志相背离。这就需要人们坚持思维规律,端正思想认识,发挥主观能动性,努力改造客观世界,从而达到客观规律与价值目标的统一。例如,社会主义改革过程中遇到了一些困难,使一部分人对社会主义信念发生了动摇,这就要求人们提高认识能力,消除和克服困难,坚定地走中国特色社会主义道路。另一方面,人们按照自己的价值意图和所确立的信念进行实践活动时,有时往往忽视客观条件的变化和客观规律的存在,造成与实践的偏差。例如,20世纪50年代中国发生的"大跃进",其实质就是明显地过分强调主观意图,完全忽视客观条件。正是客观规律、思维规律与人的需要、动机在主体信念的矛盾运动中体现了信念的逻辑规定与价值规定的统一。

其三,信念是现实性与理想性的统一。对同一信念而言,它反映的内容是现实的、历史的,而它反映的形式是概括的、理想的。例如,社会主义信念。它在具体内容上反映的是正在建设中的中国特色社会主义的具体实践,而在形式上是对中国特色社会主义的概念、判断和推理。对于一个信念而言,它既是有限的又是无限的。它的有限性是指它是对特定时空、特定历史和现实的反映;它的无限性是指它的理想性和希望性,是对现实的展望,它高于现实,处在实现之中。这种历史发展和实现的运动过程,恰恰是人的信念不断实现的过程,是理想性和现实性的统一。

(二)信念的层次

信念是人们观念形成中较为稳固与长久的意识,任何一个带有肯定或否定的价值评价态度的观念都可以视为信念,它是人们意识中长期积淀并具有一定稳定性的东西。由于观念内容有不同的层次和范围,因此信念也具有多种类型与层次。信念就其主体而言可分成个人信念和社会信念;就内容而言,则可以划分成生活的基本信念、伦理与人生信念及社会信念。

从主体来看,个人信念是社会个体生活经历与实践的反映,其特点是多样性、易变性、丰富性。由于个体生活条件不同,文化传统、民族心理、生活方式、亚文化状况乃至习惯都会使个人信念具有多样性、易变性、丰富性的特点,特别是非理性心理在个体信念的确立过程中具有较大的影响,导致个人信念的不稳定和多变。社会信念也是信念的重要方面。社会信念基于社会需要,而社会需要是维系一个社会得以正常存在与发展的社会要求。这种要求主要是能够加强民族凝聚力,达成争取民族生存与发展目标的信念,能够实现社会占主导地位的阶级意志及其未来目标的信念,能够在价值层面使全体社会成员达成基本一致的价值信念,等等。个体信念和社会信念是矛盾统一的。社会信念在总体上制约和引导个体信念的形成,反过来,个体信念也影响着社会信念。

从信念的一般内容来看,也有几个基本层次。在生活层面,人们从生命存在本身的直接需要出发,对诸如安全、健康、生存质量状况、环境条件等都有相应的信念,这些信念以好或坏的价值判断为基本形式。决定这种信念的判断来自直接的生活感受和文化的传递与承接。伦理信念是在基本信念之上的更高一个层次的信念,用以调节个人与社会关系的伦理文化,是人们信念的主要来源。在这个层面上,信念的价值意义表现尤为突出,因为它为人们制定了许多价值规定。做什么、不做什么、怎样做好等等,都给予道德戒律的限定。当然,这种伦理形态的东西带有形形色色的民族、地域乃至宗教等特点,并且随着社会的发展而变化,其中某些东西沉淀下来,成为人们信念中的核心。面对信念的多样性,一方面要承认这是正常现象,不宜强求一致;另一方面又要看到,在一定的社会中,人们各自的信念也有相通之处,从而形成社会的共同信念。同一个人的不同信念之间常常具有内在的联系,高层次的信念决定着低层次的信念,低层次的信念服从于高层次的信念。由于高层次的信念具有强大的统摄力,因而它代表了一个人的基本社会信仰。信仰是信念最集中、最高的表现形式。一般来说,信仰可分为两种类型:一种是对虚幻的世界、不切实际的观念、荒谬的理论的盲目相信、狂热崇拜;另一种是在社会实践活动中,对以事物发展规律的正确认识为基础的思想见解或理论主张的坚信不疑、身体力行。后者就是我们所主张的信仰。

人的一般认识经过情感认同而内化为信念,不仅具有理智上的坚信不疑,而且具有情感上的强烈支持，因此信念获得了远比一般认识更高的稳定性。有信念的人，在遇到困难的时候，信念便会发挥动力源泉的作用，支撑着人去执着地追求。信念相同或相近的人，会表现出极大的热情和强烈的信任感；信念相反或相左的人们，就可能产生人际关系的疏远或情绪的对立。

三、理想、信念与大学生成才

（一）理想的作用

第一，理想是人生道路上的灯塔。人总是依据人生理想的蓝图，进行自我实现活动，规划自己的生活、工作，塑造自己的人格，确立自己在社会政治、经济生活中的立场和行为方式，选择自己的人生道路，使理想发挥它的支配作用和导航作用。理想能够避免一个人在人生道路上迷失方向，能够使人在黑暗中看到光明，在平凡中看到伟大，在困难挫折中充满信心，在暂时失败中坚信胜利。伟大的俄国作家列夫·托尔斯泰说过："理想是指明灯，没有理想，就没有坚定的方向，而没有方向，就没有生活。"这说明理想对人生至关重要。没有理想，一个人就会碌碌无为、浑浑噩噩，就会像一只没有明确方向的小船，在人生的海洋里随波逐流，不是被大浪抛向礁石，就是被潮水弃在沙滩。

第二，理想是人生前进的动力。人生的理想反映了人们不安于现状、要求改变现实、创造适合于自己更高需要的现实的强烈愿望。一个人只要树立了崇高的理想，就会激发无穷无尽的力量。高尔基说过："一个人追求的目标越高，他的才能就发展得越快，对社会就越有益。"历史上，凡是为人类进步事业做出贡献的人，无一不是受崇高理想所鼓舞、所激励。邓稼先艰苦创业，研制"两弹"，是因为他心中有要让祖国拥有"两弹"的理想；中国探月工程的科学家们能够废寝忘食地投入到探月工程中去，实现了中国人"嫦娥奔月"的梦想，是因为他们心中有为祖国实现"探测月球"目标的理想。理想是一个人不断进取的永不停止的"发动机"，有了这个"发动机"，就有了巨大的前进动力。

第三，理想是人生的精神支柱。一个人只有拥有理想，才能在困境中不断激励自己，为自己的目标而奋斗；有了崇高的理想作为自己的精神支柱，就不会被困难和挫折所压倒，就不会自暴自弃，心灰意冷，就能始终以坚定的信念和高昂的热情，不断奋斗向前。马克思的一生是艰辛的，政治上的迫害、经济上的窘迫使得他终生颠沛流离，直到逝世时他还是个无国籍者。但也正是在这种"为大家而献身"的理想追求中，马克思不畏艰辛危难，勇往直前。邓小平说过："过去我们党无论怎样弱小，无论遇到什么困难，一直有强大的战斗力，因为我们有马克思主义和共产主义的信念。有了共同理想，也就有了铁的纪律。无论过去、现在和将来，这都是我们的真正优势。"中国共产党人有了崇高的理想，使中国革命一步步走向胜利。在人的精神生活中，理想是核心，它贯穿于人们精神生活的全过程，是人们的精神支柱。有了这种精神支柱，人就能够产生坚强的毅力和矢志不渝的精神，在身处顺境的时候能奋发向上，在面临困难的时候能毫不退缩、奋勇向前。

第四，理想是提升人生境界的阶梯。一个有作为的人，正是在不断实现自己理想的过程中使自己变得高尚起来。一个人逐步实现自己的职业理想、生活理想和道德理想之后，才能逐渐实现自己的远大理想。《钢铁是怎样炼成的》的主人公保尔·柯察金正是有"为人类解放事业而奋斗的理想"，才有其人生境界的升华。陶铸在《崇高的理想》一文中赞扬我们历史上的民族英雄、人民英雄、发明家和科学家："所有这些人都是有伟大理想并坚决为他们的伟大理想而奋斗的人……他们为了自己的伟大理想，有些人真正达到了富贵不能淫、贫贱不能移、威武不能屈的地步。"究竟是什么力量使这些人"不淫、不移、不屈"呢？这就是伟大理想所提升的崇高人生境界。这种崇高的人生境界使人能够"穷则独善其身，达则兼济天下"。有了理想，人就可以逐步升华人生境界、陶冶情操，最终使自己成为一个高尚的人，有益于人类社会进步的人。

（二）信念的作用

无论是科学的、正确的信念还是非科学的、错误的信念，一旦形成都会对人生产生重大的影响。所不同的是，科学的、正确的信念引导人们走向光明，非科学的、错误的信念则会导致迷失和毁灭。从个体角度来说，信念的作用主要有三个方面。

其一，为人们的活动确立价值目标和行为导向。人们意识的重要特征是有目的、有意识的选择，以价值的肯定和否定为取舍。当人们确立某种信念时，就会感觉生活的意义和活动的意义。面对人生中的各种选择，是坚持长期信守、一以贯之的理性标准，还是见异思迁、心猿意马，这不仅是对一个人的智慧的检验，更是对一个人的信念的考验。信念坚定的人，就能够坚定原有的目标，不轻易改变初衷。哲学家费尔巴哈说过："一个人有了目标就有了一个牢固的根据和基础，最大的不幸就是漫无目的。"科学的、正确的信念对人生选择起到主导作用，成为人生主导的理性力量。没有信念的人生选择是迷茫的，有坚定信念的人生抉择是通向伟大成功的起点。

其二，信念是人生发展的强大推动力。信念包含着坚信不疑的认识和情感上的高度认同，这使信念成为人们追求理想目标的强大动力。科学的、正确的信念使人们对所从事的事业充满信心，不会因任何外在诱惑而随意改变自己的奋斗目标。相反，一个没有信念的人，即便是在自己的心里绘制了无比美好的理想蓝图，但由于缺乏追求理想的动力或者动力不足，通常只能是心向往之，最后只能通过幻想的成功聊以自慰。邓小平说过："我们过去几十年艰苦奋斗，就是靠用坚定的信念把人民团结起来，为人民自己的利益奋斗。没有这样的信念，就没有凝聚力。没有这样的信念就没有一切。"坚定的信念能够使人们迸发出积极性，坚定立场，明确方向，从而克服重重困难，冲破阻力，去实现理想。

其三，信念是人们评价和认识事物的基点。信念是世界观、人生观、价值观的一部分，是人们认识、分析、评价一切事物的思想上的出发点。同时，信念本身表明一种立场，这种立场必然要影响人们对事物的评判，如若与人们的信念一致，就持肯定的评价态度。可见，人们信念的内容和强度，将会对一个人选择人生道路产生重要的影响。

（三）理想、信念与大学生

引导大学生做什么样的人。人的理想反映了社会和人自身发展的希望，因此，有什么样的理想信念就意味着以什么样的方式改造自然和社会，塑造和成就自身。在有理想、有道德、有文化、有纪律的"四有"新人目标中，有理想居于突出的位置。从一定意义上来说，人总是按照自己的理想来生活，并以自己的理想来造就自己。一个人有理想，有信念，他就会生活得很充实；反之，一个人如果没有理想就失去了生活的目标，也就失去了生活的动力。

指引大学生走什么路。大学时期，同学们都普遍面临着一系列人生课题，比如说人生目标的确立，生活态度的形成，知识才能的丰富，发展方向的制订，工作岗位的选择，以及如何交友、如何恋爱、如何面对挫折、如何克服困难等等。这些问题的解决，都需要有一个总的原则和目标，这就要确立科学、崇高的理想信念。大学时期确立的理想信念，对今后的人生之路将产生重要的影响，甚至会影响终生。因此，同学们应当高度重视对理想信念的选择和确立，努力树立科学、崇高的理想信念，使将来的人生道路越走越宽。

激励大学生为什么学。大学生只有树立崇高的理想信念，才能明确学习的目的和意义，激发起为国家富强、民族振兴和自身成才而发愤学习的强烈责任感与使命感，将今天的努力学习与国家的富强、民族的振兴紧密联系起来，使理想信念之花结出丰硕的成长成才之果。

第二节　树立科学的理想信念

加强思想道德修养，提高精神境界，应牢牢把握理想信念这个核心。当代大学生应当确立马克思主义的科学信仰，树立在中国共产党领导下走中国特色社会主义道路、为实现中华民族伟大复兴而奋斗的共同理想。

一、理想、信念、信仰的相互关系

理想是人们超越现实、追求未来目标的自我意识，是主体对设定的奋斗目标的自觉追求。信念是对理论、学说的坚信不疑，并把它作为自己精神寄托的思想倾向，是主体对终极价值的追求。信仰是人们对某种理论、学说、主义、思想的信服和尊崇，并把它奉为思想准则和行动指南。信仰是一个人做什么和不做什么的根本准则和态度，可见，信仰是建立在信念的基础上的，并且是信念最高、最集中的表现形式。人们要追求信仰，就必须确立坚定的科学信念。

理想、信念、信仰都具有超越现实的特点，它们之间存在密切的联系。理想以信念、信仰为基础，信念、信仰决定理想。信念、信仰决定理想的内容和方向，如信仰马克思主义，就会确立共产主义的远大理想。理想与信念是相辅相成的。只有美好的理想，而没有坚定的信念，就无法把理想化为行动。正确的理想只有在成为行动的内动力并获得肯定的情绪体验之后,才会被纳入个人的观念体系,进而转化为信念。信仰以信念为基础,信仰本身也是一种信念,是一切信念中最重要、最根本的居于统摄、支配地位的最高信念。信念的作用往往表现在人的具体行为之中,它随着具体事物和具体行为的变化而变化,而信仰可能会支配人的一生。

二、坚定马克思主义的信念,树立中国特色社会主义的共同理想

确立马克思主义的信念,首先要对马克思主义有一个科学的认识。马克思主义是由马克思恩格斯创立的,而由其后各个时代、各个民族的马克思主义者不断丰富和发展的观点和学说的体系。它包括马克思主义哲学、马克思主义政治经济学和科学社会主义三个有机组成部分。

(一)坚定马克思主义信念

马克思主义虽然诞生于 19 世纪,但并没有停留在 19 世纪,因为马克思主义是一个不断发展的学说。继马克思恩格斯之后,160 多年来,不同时代的马克思主义者不断总结社会主义革命、建设和改革的经验教训,吸收借鉴和融合各种优秀的思想文化成果,在继承中发展,在创新中前进,始终与时代同行,与实践共进。

20 世纪 80 年代之初,我国刚刚打开对外开放的大门不久,西方的一些学术著作,西方的一些思想体系和思潮就被大量介绍进来了,给当时的青年学生和知识分子提供了非常新鲜的各种各样的知识、各种各样的思潮、各种各样的学派,我们一时觉得很新鲜,形成了很多思潮,也形成了很多热,如第三次浪潮热、萨特热、弗洛伊德热。在各种热的过程当中,有一部分人认为马克思主义似乎是不热的,似乎是过时了,但是不久这些学说就显露出了它们真正的价值,不到十年的时间它们都先后被人们遗忘了,或者淡漠了,或者不热了,不再有影响人们头脑的那种活力了。而马克思主义却不是这样,马克思主义具有持久的生命力,马克思主义被历史证明一次又一次在影响社会发展的高潮,具有恒久的生命力。从一个学说延续的时间以及影响人类社会发展的角度,我们可以看到,没有任何一个学说像马克思主义持续这么久,而且影响那么强烈。

伦敦的海格特公墓,是马克思长眠的地方。在马克思的墓碑上,镌刻着他的一句名言:"哲学家们只是用不同的方式解释世界,问题在于改变世界。"它用简练的语言向世人表明,马克思主义是以改造世界为己任的学说。马克思恩格斯创立他们的学说,不是为了把它束之高阁、藏之名山,而是为了指导社会实践,使之成为改造世界、推动历史前进的行动指南。马克思主义能够与时俱进,就在于它能够顺应时代的要求,以改造世界为己任,以实践作为自己的动力之源。

(二)树立中国特色社会主义的共同理想

中国特色社会主义的共同理想是社会主义核心价值体系的主题。有共同理想,才能

有共同步调。这个共同理想，就是在中国共产党领导下，走中国特色社会主义道路，实现中华民族的伟大复兴。共产主义理想是一种希望，一种期待，一种追求，也是一种精神支柱。树立共产主义理想的根本要求是准确把握中国特色社会主义的内涵，把握实现共产主义理想的现实要求，坚定不移地走中国特色社会主义道路，立足推进全面建成小康社会的伟大事业，既要从中国国情出发，又要遵循马克思主义的一些基本原则，适应世界发展潮流。今天的中国是社会主义的中国，今天中国的社会主义是初级阶段的社会主义。

现阶段我国各族人民的共同理想是为把我国建设成为富强、民主、文明、和谐的社会主义现代化国家而奋斗。我们具体的经济和社会发展的战略目标是：巩固和发展已经初步达到的小康水平，到建党 100 年时，建成惠及十几亿人口的更高水平的小康社会；到新中国成立 100 年时，人均国内生产总值达到中等发达国家水平，基本实现现代化。新世纪新阶段的共同理想是符合我国经济、社会发展的客观实际的。我国正处于并将长期处于社会主义初级阶段，这是在经济文化落后的中国建设社会主义现代化不可逾越的历史阶段，需要上百年的时间。在现阶段，我国社会的主要矛盾是人民日益增长的物质文化需要同落后的社会生产之间的矛盾。我国社会主义建设的根本任务，是进一步解放生产力，发展生产力，逐步实现社会主义现代化。党的十七大报告指出："实现全民建设小康社会的目标还需要继续奋斗十几年，基本实现现代化还需要继续奋斗几十年，巩固和发展社会主义制度则需要几代人、十几代人坚持不懈地努力奋斗。"

对于广大青年学生来说，就要坚定对中国共产党的信任，坚定走中国特色社会主义道路的信念，坚定实现中华民族伟大复兴的信心，投身到全面建成小康社会的宏伟事业中去，才能更好地实现自身价值和人生理想。

三、树立科学理想信念的意义

大学生树立社会主义的理想信念，对于促进大学生的全面发展，使其成为社会主义建设的栋梁之材，也具有非常重要的意义。

（一）是实现中华民族伟大复兴的保证

"中国要坚持社会主义制度，要发展社会主义经济，要实现四个现代化，没有理想是不行的，没有纪律也是不行的。"这个理想就是共产主义理想。邓小平说过："我们多年奋斗就是为了共产主义，我们的信念理想就是要搞共产主义。在我们最困难的时期，共产主义的理想是我们的精神支柱，多少人牺牲是为了实现这个理想。有了共产主义的理想信念，就有了凝聚力，就能把人民团结起来，为人民自己的利益而奋斗。"建设中国特色社会主义需要这样的理想信念。

共产主义是我们社会理想中的最高理想，而我们社会理想的近期目标就是全面建成小康社会。到 2020 年全面建成小康社会目标实现之时，我们这个历史悠久的文明古国和发展中的社会主义大国，将成为工业化基本实现、综合国力显著增强、国内市场总体规模居世界前列的国家,成为人民富裕程度普遍提高、生活质量明显改善、生态环境良好的国家,成为人民享有更加充分民主权利、具有更高文明素质和精神追求的国家,成为各方面制度更加完善、社会更加充满活力而又安定团结的国家,成为对外更加开放、更加具有亲和力、为人类文明做出更大贡献的国家。可见,到2020年,中国将更加富强、民主、文明,这正是中国人近两百年的梦想,也就是真正实现了中华民族的伟大复兴。因此,青年学生树立社会主义的理想信念与中华民族的伟大复兴是紧密联系的,也是与自我人生的价值相联系的。可以肯定地说,只要我们这样做了,那么无论我们能否功成名就、出类拔萃,我们的汗水都不会白流,因为我们作为社会主义现代化事业的现实力量,以自己的劳动浇铸了人生的丰碑。

(二)有利于大学生的全面发展

马克思主义不仅重视社会发展,同时也重视人的发展。人的全面发展是马克思主义的基本目标,它已成为大学教育的目标之一。进入改革开放的历史新时代,邓小平同志明确提出了培养社会主义"四有"新人的目标和要求,即有理想、有道德、有文化、有纪律。江泽民同志提出了"五个成为",即"成为理想远大、热爱祖国的人;成为追求真理、勇于创新的人;成为德才兼备、全面发展的人;成为视野开阔、胸怀宽广的人;成为知行统一、脚踏实地的人"。这就是说,青年大学生的成才和发展是全面的发展。

大学生树立了科学的理想信念,理想信念在激发大学生努力奋斗的同时,也间接地使大学生按照社会主义教育规范的要求去促进自身的全面发展。理想信念的作用不仅在于提供强大的精神动力,而且引导大学生把自己的学习同远大的目标联系起来,最大限度地挖掘自身的内在潜力,开发自己的智慧宝库。

(三)有利于大学生更好地适应社会

马克思主义认为,人的本质是一切社会关系的总和。这说明,人只有适应社会的存在,才能够发展和进步。但是,人并不是一生下来就是一个社会的人、一个合格的社会成员;一个人要真正成为社会的人,真正融入一定的社会生活,还需要一个逐渐适应社会的过程。任何一个人只有逐渐适应社会,才能成为社会的人,获得发展自己、实现自身价值的机会。

科学的理想信念在大学生适应社会的过程中起着重要的不可替代的作用:其一,理想信念在本质上就是由一定社会所承担的,旨在促进个体实现适应社会的一种教育活动。社会主义的理想和信念对大学生自身的人生理想有一定的引导作用,使大学生的个人理想和社会理想相结合,从而培养大学生的政治兴趣和政治意识,坚定其政治方向,这也正是大学生适应社会的重要方面。其二,在大学生适应社会的过程中,理想信念起到了特定的不可替代的作用。大学生适应社会就是要了解社会的行为规则和道德规范,如果大学生不懂得社会正常运行的"游戏规则",就很难参与这项游戏。理想信念教育的作用是致力于使大学生接受社会所需要的价值观念和行为准则,并内化为他们的思想和行为。因此,大学生接受理想信念教育的过程,也就是了解和掌握这个社会所通行的价值观的过程,是了解这个社会运行规则的过程,也是形成自己的价值观和行为准则的过程。其三,社会主义的理想信念确保大学生选择正确的社会行为规范。在社会的不同领域有不同的行为规则、规范,还有"潜规则",大学生通过理想信念的引导,就能够在适应社会的过程中沿着健康、正确的轨道前进。

第三节　在奋斗中实现人生理想

任何国家、民族、个人的理想,如果不经过具体的实践和辛勤的付出,都是不可能实现的。所以,实践,只有实践,才是通往理想彼岸的桥梁,只有奋斗才是实现理想的必由之路。

一、立志高远与始于足下：奋斗是实现理想和信念的桥梁

人生的理想确立之后,只有经过艰苦努力才能把理想变为现实。著名的俄国寓言家克雷洛夫曾做过这样的比喻："现实是此岸,理想是彼岸,中间隔着湍急的河流,行动则是架在河上的桥梁。"任何国家、民族、个人的理想,如果不经过具体的实践和辛勤的付出,都是不可能实现的。所以,奋斗是实现理想的必由之路。青年大学生只要脚踏实地,坚定心中的必胜信念,就一定能够实现心中的理想。

理想的实现有一个艰苦奋斗的过程,要把理想变为现实,必须付出艰苦的努力。不经过人们的劳动、实践和艰苦奋斗,任何理想的实现都是不可能的。

（一）实现理想需要艰苦奋斗的精神

周恩来说过："理想是需要的,它可以为我们指出前进的方向,但是理想必须从现实的努力奋斗中才能实现。"毛泽东说："社会主义制度的建立给我们开辟了一条到达理想境界的道路,而理想境界的实现还要靠我们的辛勤劳动。"建设中国特色社会主义、实现共产主义,是前无古人的空前艰巨的事业,必然会遇到无数艰难险阻,有的甚至是看起来不能克服的困难。这个时候必须要有艰苦奋斗的精神,才能不畏危难,渡过难关。

（二）实现理想需要献身精神

在艰苦卓绝的革命年代里,无数革命先烈为了中华民族的解放,把自己的一生献给了壮丽的革命事业。为革命流血牺牲,这是献身精神。在建设社会主义现代化的年代,为实现共同理想,贡献自己的全部聪明才智,牺牲个人利益,服从国家利益,忘我地发愤学习与刻苦成才,也同样是献身精神。没有献身精神、不敢承担责任,一个人就很难实现自己的理想。今天,中国正在全面建成小康社会,西部大开发、东北振兴,急需建设人才。祖国需要一些大学生做出牺牲,拿出献身精神,在国家的发展建设中实现自身价值。

（三）实现理想要有不断进取的创新精神

实现理想要有学习前人并超越前人的气概。要超越就要创新，创新是一个民族的灵魂，是一个国家兴旺发达不竭的动力。中华民族是一个有创新精神的民族，而国家的创新关键是人才，这就寄希望于青年。青年学生要勇于创新，勇于突破，勇于开拓，才能更快、更好地实现理想。现在青年学生身处的是一个竞争的社会，是一个创新的时代，需要智慧的比拼，需要头脑的竞争，没有创新能力必然失败。从某种意义上说，实现理想的过程也正是不断创新的过程。青年学生要用创新的思维、创新的头脑，不断进取，努力为实现共产主义理想而奋斗。

二、正确认识理想与现实的关系

理想源于现实，高于现实。理想发源于社会意识，是社会存在的反映。理想产生于现实的需要，是时代的产物。由于人们不满足于现实，才需要有理想、有追求，为美好的未来去奋斗。理想又是现实发展的方向，理想是比现实更高远、更美好的目标。正因为如此，它才能激发人们去奋斗，才能指导现实的发展，对人们的行动产生巨大的鼓舞作用。

理想可以转化为现实。现实和理想总是存在一定的差距，理想不等于现实，现实也不等于理想，但理想又可以在一定条件下转化为现实。

总之，理想和现实既相互区别又紧密相连，存在内在联系。理想之树深深扎根于现实的沃土之中，理想是在对现实认识的基础上发展起来的。理想离开了现实，就成了无源之水、无本之木。理想的产生、目标的设定必然受制于现实的条件，脱离开现实的理想就是空想，就没有实现的可能。我们对理想的追求必须符合社会发展的趋势，对职业理想的选择应该符合实际，只有这样才可能把理想变为现实。

实现理想的长期性、艰巨性和曲折性往往是对人们毅力和信念的考验，对此我们必须要有充分的思想准备。一般来说，理想越是高远，它的实现过程就越复杂，需要的时间就越长。

纵观人类发展史，任何一个社会政治理想的实现都不是轻而易举的，必然会遇到各种各样的困难和波折，充满着艰辛和坎坷。社会主义运动的历史进程充分印证了社会理想实现的道路是长期的、艰巨的、曲折的。中华民族实现民族独立和自由的社会理想就经历了十分艰难的历程。1840年以来中国社会就越来越深地陷入半殖民地半封建社会的苦难中，从两次鸦片战争到八国联军的侵略，世界上几乎所有的列强都侵略过我们。一部中国近代史既是帝国主义的侵略史，也是中国人民的苦难史，更是中国人民在中国共产党领导下为实现民族独立和人民解放而奋斗的斗争史。100多年来中国人民为此进行了十分艰难的探索和不屈不挠的抗争，从太平天国到戊戌变法，从辛亥革命到光绪复辟，从护国战争到现在，中国人民经历了血与火的煎熬。从中国共产党的成立到北伐战争的胜利,从"四•一二"政变到井冈山的斗争,从十四年抗战到解放战争,中国人民又经历了血与火的考验。百年中国,历经沧桑,中华民族经历劫难而不死,屡遭侵略而未亡,在中国共产党的领导下,经过千回百折,终于建立了新中国,实现了中国人民争取民族独立和人民解放的社会理想。新中国的成立,翻开了中华民族发展史上崭新的一页。现在,我们正为实现更高的中国特色社会主义的社会理想而努力奋斗。理想实现的路途是艰难曲折的,远大理想的实现更需要一代代人的不懈努力。但是,建立在科学理论基础上的理想,经过艰难曲折的锤炼,必定会闪烁出更加耀眼的真理之光。不仅社会理想如此,群体的理想、个人的理想的实现也是长期奋斗的结果。

三、在实践中化理想为现实

（一）坚定的信念是实现理想的强大精神力量

理想的实现不可能是一帆风顺的,而是一个迂回曲折的过程。我国近代学者王国维在《人间词话》中指出:"古今成就大事者,必须经过三种境界:'昨夜西风凋碧树。独上高楼,望尽天涯路。'此第一境也;'衣带渐宽终不悔,为伊消得人憔悴。'此第二境也;'众里寻他千百度,蓦然回首,那人却在,灯火阑珊处。'此第三境也。"这三种境界,也正是一切有志者在实现美好理想过程中必定经历的三部曲。缺乏坚忍不拔意志的人往往容易对自己确立的理想发生动摇,或缺乏理想实现的信心和决心,因而无法使正确的认识和正确的理想化为实践活动。自信和毅力来源于对理想的执着追求,也是实现理想的强大精神力量。

（二）勇于实践、艰苦奋斗是实现理想的根本途径

实践是人们改造客观世界的一切活动,认识的检验、发展,认识目的的实现,知识向能力的转化都离不开实践。马克思说过,思想本身不能实现什么,为此还需要掌握实践力量的人。美好的理想若是停留在头脑中和口头上,那它只能是不结果实的花朵。只有实际行动才能体现和确证一个人的理想信念。看一个人是不是真有理想,主要不是看他主观上是否有美好的愿望和想象,而是看他是否在实际行动上为追求理想而奋斗。大学生经过多年的学习,已经掌握了一定的知识,但这些都是从书本上学到的间接经验,是不是真正学会了、能不能用、会不会用,还需要在实践中检验。

（三）个人理想的实现,要靠每个人的实际行动

能力从实践中来,要增长知识,提高能力,需要投身实践;实现人生理想,更离不开实践。事实证明,"实践—认识—再实践"是人类掌握知识、增强能力、有所发明、有所创新的根本途径。优秀的品质需要在实践中培养。改造客观世界和改造主观世界是相辅相成、相互促进的辩证统一的关系。人们在实践不仅能使人获得实践能力,更能使人的情操在实践中得到陶冶,意志在实践中得到磨炼,提高个性修养,培养高尚的品质。

　　总之，无论是社会理想还是个人理想的实现，都必须通过广大青年学生充分发挥主观能动性，以顽强的毅力，付出艰辛的劳动，脚踏实地，点滴积累，才能成功。任何投机取巧，寻找什么"捷径"，或浅尝辄止，满足于一知半解，都是不可能获得真才实学的。在艰苦奋斗中勇于实践，才是实现理想的根本途径。

努力发扬爱国主义精神

第一节　亘古不变的爱国主义传统

爱国主义是在人类社会产生了阶级和国家以后形成的，它是不断推动各民族历史发展的强大精神动力和宝贵精神财富，反映了个人与祖国之间的相互依存的关系，是一个国家、民族凝聚人心的纽带和激励人们团结奋斗的精神支柱。

一、爱国主义的科学内涵

列宁说："爱国主义就是千百年来巩固起来的对自己祖国的一种深厚的感情。"爱国主义体现了人民群众对祖国的深厚情感，反映了个人对祖国的依存关系，是人们对故土、家园、种族和文化的归属感、认同感、尊严感与荣誉感的统一，是一种社会的基本道德规范、法律要求和重要政治原则。但爱国主义不仅仅是一种感情，而且是一种思想或精神。仅仅把爱国主义解释为一种对祖国的感情，远远不能揭示爱国主义的深刻内涵。爱国主义应当是热爱祖国，为祖国的繁荣、富强、独立而献身的精神。爱国主义的内容是十分丰富的，最基本的内容有四个方面：

第一，民族自豪感和自信心。爱国主义是每个国家全体公民都具有的一种崇高而神圣的道德情感。

第二，奋起抵抗外敌的侵略，维护祖国的独立和主权完整。外敌入侵必然使山河破碎、人民遭难。在外敌入侵的时候，奋起抗敌、保卫祖国、宁死不让寸土的精神是爱国主义的重要内容。

第三，反对分裂和割据，维护民族团结和祖国的统一。

第四，勇敢勤劳，推动祖国的进步和富强。

二、爱国主义的优良传统

中华民族不仅以勤劳勇敢、酷爱自由、富有创造力而著称于世，而且素来具有爱国主义的光荣传统。爱国主义传统与祖国一样历史悠久，源远流长，塑造着中华民族的民族精神和道德风貌。中华民族的爱国主义传统内涵极为丰富，其共同特征主要表现为以下几个方面。

（一）热爱祖国，矢志不渝，团结奋斗，创建文明

中华民族是一个胸怀博大的民族，又是一个爱国情深的民族。千百年来，刻骨铭心的爱国之情，矢志不渝的报国之志，生死不移的效国之行，写满了中华民族的辉煌史册。同时，中华儿女为建设好自己的国家，不畏艰苦，共同努力，创造了无数的文明奇迹。从大文到地理，从自然到社会，从物质到精神，中华儿女创造的奇迹所涉及的领域之广令人叹为观止，极大地丰富了人类文明宝库。

（二）天下兴亡，匹夫有责，万众一心，共御外侮

中华民族是一个有着极强责任心的民族，更是一个热爱和平和自由的民族。从"位卑未敢忘忧国"，到"先天下之忧而忧，后天下之乐而乐"，再到"天下兴亡，匹夫有责"，这些思想都充分地表达了中华儿女的爱国主义情怀。因此，当国家受到外族侵略时，全国人民就必然会团结一致，齐心协力，奋起抗击外侵之敌，使中国历史上的所有侵略者都最终难逃失败的命运。甲午海战中，"致远号"管代邓世昌指挥军舰冲向日本"吉野号"海军指挥舰，邓世昌和全舰250名将士全部壮烈牺牲，谱写了一曲气壮山河的悲歌，表现了大无畏的民族精神。也正是在抵抗民族侵略、维护民族尊严的过程中，中华民族形成了坚持国家、民族利益至上，誓死不当亡国奴的民族品格。在抗击日本法西斯的过程中，中华儿女万众一心，共赴国难，表现出高尚的民族团结精神，以及誓死抗击侵略、保卫祖国、同敌人血战到底的英雄气概。由此也形成了中华民族的坚持国家和民族利益至上的高尚民族品格和万众一心、百折不挠、依靠自己的力量战胜外来之敌的民族自信心，以及坚持正义、自觉为人类和平发展贡献力量的民族奉献精神。

（三）维护统一，反对分裂，热爱和平，反抗侵略

中华民族是一个多民族的统一体。民族团结和睦，始终是各族人民的共同心愿；维护民族完整统一，始终是各族人民的最高利益和神圣职责；保持一个统一强大的中华民族，是全国各族人民的心愿。因此，自秦始皇统一中国以来，中华民族在漫长的历史发展中逐渐形成了一个团结、统一、和谐的大家庭。尽管其间也曾发生过民族之间的局部战争，也出现过短暂的分裂时期，却是合多分少，民族团结和国家统一始终居于主导支配的地位。促进民族团结和维护祖国统一始终是人心所向，是历史发展的主流，这也正是几千年来中华民族这个多民族大家庭共同生息繁衍和发展在中华大地上的根本原因。同时，中华民族是一个热爱和平、勇于反抗侵略的民族，她从不屈服于任何外来的压力，更不惧怕任何外来的干涉和侵略。毛泽东在《论反对日本帝国主义的策略》中说："中华民族有同自己的敌人血战到底的英雄气概，有在自力更生基础上光复旧物的决心，有自立于世界民族之林的能力。"

（四）与时俱进，勇于创新，勤劳勇敢，追求国富民强

中华民族有着强烈的民族进取心，不甘于腐朽落后的反动统治。为了祖国的富强和民族的进步，他们坚持顺应历史发展的潮流，积极改革弊政，同一切阻碍历史进步的反动阶级、反动社会势力和反动制度进行顽强的斗争。从古到今，在中华民族的发展历史上，那些忧国忧民的有识之士出于对祖国和民族前途的关心，为了祖国的进步富强和民族团结发展，以执着的爱国主义精神和强烈的民族责任感，不畏牺牲，勇敢地承担了改革时弊、推动国家发展的历史责任。他们总是站在社会进步改革的潮头，针砭弊政，提出对策，振兴国家，造福人民。

中华民族具有宽阔的胸怀，为了祖国更好地发展，能够虚心学习和汲取世界上一切优秀的文明成果，并通过自身的不断努力，进一步丰富世界文明宝库；同时，为了世界各国人民的发展，中华民族发扬了伟大的国际主义精神，从精神到物质，积极支持和支援世界各国、各族人民的革命和建设。这种对外相互交流使中国的文化和科技成果传到了国外，也使国外的先进技术和文化传入了中国，从而促进了世界经济文化的发展，更加快了中国社会经济文化的提高和发展。

三、爱国主义的时代价值

爱国主义是一个历史范畴，在社会发展的不同阶段、不同时期有不同的具体内涵。这就是爱国主义的时代特征。作为一种意识形态，爱国主义的内容是一定社会经济和政治的反映。在中华民族发展史上，爱国主义的发展轨迹大致可划分为三个历史阶段：一是中国封建社会时期的古代爱国主义；二是中国半殖民地半封建社会时期的近代爱国主义；三是无产阶级革命和社会主义建设时期的现代爱国主义。每一历史阶段的爱国主义都有着与该时期历史条件和时代相应的核心内容和特点。

如果说，在旧中国，爱国主义主要表现为反抗侵略，争取独立，寻求富强之路；那么，新中国成立后，为新中国的繁荣富强和社会主义建设贡献一切则是新时代爱国主义的中心内容。献身于我国现代化建设，是现阶段爱国主义的主要表现形式。

爱国主义在不同历史时期具有不同内涵，它显示出爱国主义在每一历史阶段的不同特点及其表现形式。但进步探究各时代爱国主义的特性，我们会发现这些不同特点都不同程度地体现出某种共同的心理倾向和价值取向，这就是爱国主义的基本精髓。民族的爱国精神，就是由个人、集团的爱国思想和意识汇合而成。

（一）爱国主义是中华民族的精神支柱

在中国的历史上，爱国主义从来就是鼓舞各族人民团结一心、努力奋斗的一面旗帜，是各族人民共同的精神支柱。从古到今，中华民族在这块幅员辽阔、山川壮丽的富饶土地上世世代代繁衍生息，辛勤耕耘，共同创造了中华文明，使中国成为世界四大文明古国之一。而且，中华文明一脉相承地延续发展，五千多年的历史从来没有间断。中国是世

界上历史最悠久的国家之一，是人类文明史上的一个伟大奇迹。可见，古老的中华民族之所以能历经数千年风风雨雨的严峻考验，顽强而又坚定地走到今天，而且整个中华民族越来越显示出蓬勃的生机和旺盛的活力，其中一个重要的原因就是爱国主义优良传统从形成到不断地延续和发展，早已深深地融入了民族意识之中，形成了一种坚不可摧、无法动摇的国魂和民魂，是中华民族生存和发展的巨大精神支柱。爱国主义维系着亿万各族人民，谱写了中华五千年的文明史，也将维系亿万各族人民在崭新的新世纪里再创民族辉煌。

（二）爱国主义是维护祖国统一和民族团结的坚实纽带

在中华民族的发展历史上，爱国主义对于维护祖国统一和民族团结起到了十分重要的作用。近百年来，中华民族历经沧桑和磨难，但是她依靠各族人民的力量最终打败了所有的侵犯之敌，取得了民族革命战争的伟大胜利，建立了社会主义新中国。千百年来的历史经验已经确证了一个不可争辩的事实，即团结统一始终代表了中国社会历史的发展方向，代表了中国各族人民的共同心愿。维护民族团结和国家统一、领土完整，是全中国人民的最高利益和核心利益的表现。在这个重大原则问题上，中国人民到任何时候都不会有丝毫动摇和退让。中华儿女无论身居何处，都衷心地拥护和支持祖国统一，祈盼着祖国的昌盛富强，并愿意为振兴中华贡献一份力量。爱国主义一直是推动国家进步和发展的巨大力量，是中华民族的普遍觉悟，是联系中华民族每一分子的无形而又坚实的纽带。

（三）爱国主义是实现中华民族伟大复兴的强大动力

爱国主义是建设祖国，增强国家、民族凝聚力，实现中华民族伟大复兴的强大动力。爱国主义深深根植于中华民族道德传统之中，比较易于为各种不同出身、不同经历、不同文化水平、不同职业，甚至不同政见等广大范围内的社会成员所接受。爱国主义这面旗帜可以把一切爱国的力量都团结起来，组织成最广泛的统一战线，完成共同的奋斗目标，推动国家的独立、完整、统一和进步。在古代，中华各族人民依靠自己的勤劳、智慧，创造了灿烂的中华古代文明，为人类文明的进步做出了巨大的贡献；在近代，面对长期的内忧外患导致国力衰弱，几乎到了亡国的边缘的困境，无数爱国志士发愤图强，努力探索和寻求民族复兴之路；在现代，全国各族人民在中国共产党的领导下经过艰苦卓绝的长期奋斗，实现了民族的独立和解放，建立了社会主义新中国，为中华民族的伟大复兴奠定了坚实的基础；今天，在综合国力竞争日趋激烈的国际环境中，爱国主义更是中华民族立于不败之地的重要保证和巨大精神动力。爱国主义这面旗帜能够把亿万人民群众的智慧和力量凝聚起来，为国家为民族建功立业，使中华民族的物质文明和精神文明不断发展进步，实现中华民族伟大复兴的目标。

（四）爱国主义是个人实现人生价值的力量源泉

爱国主义精神不仅是中华民族生生不息、繁衍发展的根基，也是壮丽人生的基石伟大的人生目标往往产生于对自己祖国的诚挚的爱。一个人对祖国爱得越深，历史责任感就越强烈，人生目标就越明确，人生信念也会更坚定。一个人的成长，在很大程度上要依赖于社会，依赖于生于斯、长于斯的祖国。祖国为个人成长和发展创造了条件，为个人实现人生价值提供了舞台，指明了方向。同时，每个人对祖国的发展也有不可推卸的责任和义务。所以，爱国是个人为国奉献、成就事业的重要思想和情感基础。只有热爱祖国，才会有渴望祖国繁荣富强的强烈愿望，才会催人奋起，立志成才；只有热爱祖国，才会有对祖国的高度责任感和使命感，自觉地用自己的发现、发明为祖国争光；只有热爱祖国，才会把祖国的利益看得高于一切，而不计较个人得失。在当前，一个人只有把个人的前途与又好又快地建设中国特色社会主义，实现建成全面小康社会的目标联系在一起，才能获得强大的精神动力，在振兴中华的伟大事业中建功立业，实现个人的价值。

第二节　新时代的爱国主义

爱国主义是一个历史范畴。在每一历史时代，爱国主义都有着与该时代要求相应的特别内涵。新时代的爱国主义，既承接了历史上爱国主义的优秀传统，又吸纳了鲜活的时代精神，其内涵更加丰富。党的十七大提出的又好又快地建设中国特色社会主义，全面实现小康社会，就是新时代爱国主义的主题。

一、热爱祖国与热爱社会主义和拥护祖国统一的关系

（一）热爱祖国与热爱社会主义相统一

社会主义的价值取向与爱国主义的价值取向具有一致性。社会主义的价值目标是消灭剥削，消除两极分化，最终达到共同富裕，因而社会主义又体现了为全体人民谋利益的理想和实践，其价值取向是集体主义。而一个真正的爱国者，不仅希望自己的祖国富强，而且为了祖国和人民的利益，可以不惜牺牲个人的利益。可见，在当前新的历史条件下坚持爱国主义，实质上也就是坚持了社会主义的价值取向。江泽民同志指出，在当代中国，爱国主义与社会主义本质上是统一的。爱国主义与社会主义紧密相连，不可分离。爱国主义所追求的民族独立和人民民主，要靠社会主义才能实现；爱国主义所向往的民族统一和国富民强，也要靠社会主义才能实现。推动社会主义事业的不断发展，爱国主义是强大的精神动力；实现祖国和民族的振兴，爱国主义是主要的精神支柱。爱祖国，就要爱社会主义的中华人民共和国。如同邓小平所说的那样："有人说不爱社会主义不等于不爱国。难道祖国是抽象的吗？不爱共产党领导的社会主义的新中国，爱什么呢？"只有把爱国主义与社会主义统一起来，爱国主义才会富有时代气息和民族精神。

（二）热爱祖国与热爱中国共产党相统一

中国共产党领导人民实现了民族独立和国家富强。

中国革命和建设的历史充分证明了中国共产党是最先进、最伟大的政治领导集体。为了中国人民的解放事业和中华民族的发展，中国共产党人做出了巨大的牺牲，建立了不可磨灭的功勋。中国共产党是全国人民利益的忠实代表者，是最忠诚的爱国主义者，是新中国的奠基者，更是推动中国社会主义现代化事业向前发展、全面实现小康社会的开拓者和领导者。爱国主义所渴求的中华民族的伟大复兴，只能依靠中国共产党这样的代表人民利益的工人阶级先锋队来实现。

因此，爱国主义与爱社会主义、爱中国共产党具有深刻的一致性。当代大学生应该把热爱祖国与拥护中国共产党的领导有机地统一起来，这就是新时代爱国主义的重要特征。

（三）热爱祖国与拥护祖国统一相统一

如果说爱国主义与爱社会主义的一致性，主要是对生活在祖国内地的中华人民共和国公民的基本要求，那么爱国主义与拥护祖国统一的一致性，不仅是对中国内地的中国公民的要求，而且是对全体中华儿女包括港澳台同胞以及海外侨胞的基本要求，由于历史和现实的种种原因，生活在内地以外的同胞，对内地的情况不甚了解，因此对他们的爱国应当具体分析具体对待。只要站在拥护祖国统一的原则立场上，深明中华民族的大义，就能够在政治上求同存异，在爱国主义的旗帜下团结起来，共同为祖国的统一大业而奋斗。

二、爱国主义与经济全球化

第二次世界大战、石油危机、信息技术的发展和因特网的建立和发展，意味着人类进入了一个相互依存、共担风险的新时代。人类不仅共同生活在现在，而且只拥有一个共同的未来，这种生存方式标志着全球化时代的到来。全球化带来的社会形态的变化，使爱国主义受到了严峻的挑战。第一，在全球化发展的进程中，社会发展的情况不尽相同，各种社会形态也不一定是单线发展的或者是同一模式的，而是多种模式和多元文化的并存，这些都直接影响着人们的观念和信念。第二，全球化改变了各个国家、各个民族生存和发展的空间。尽管在全球化的过程中民族和国家并不会消亡，但是它们也不能摆脱掉全球化的深刻影响。如何处理好世界、国家、民族、地域之间的关系，成为当前各国都必须面对和研究的突出问题。第三，全球化对于民族化、本土化的冲击，以及民族化、本土化对全球化的抗衡表现日趋尖锐和突出。因此，要既能积极地去参与全球化进程以加速我国社会主义现代化的发展，又能在我国社会主义现代化转型中保持自己国家和民族的独特性和优秀的文化传统，这就要求我们必须积极制定对策。

（一）站定正确立场，选择方向

世界是丰富多彩的，不能以一个或几个国家的价值观念、意识形态和政治制度为蓝图来描绘世界的色彩。经济全球化不等于全球的政治、文化一体化。各个国家的发展道路应由本国人民自主选择。用一种文化价值观念和政治制度来衡量多样性的世界，不利于世界的和平，也不利于人类文明的发展。一个国家要充分利用经济全球化所提供的发展机遇，趋利避害，扬长避短，就必须坚决维护自己的主权和尊严，按照自己的国情来选择自己的政治制度和发展模式，同时还要充分保护和发展自己的民族文化。

（二）树立全球意识，正视挑战

今天，全球化已经成为人们的共识和不可阻挡的社会发展趋势，中国的现代化也不可能独立地进行，它必然要受到世界经济活动规则的影响。所以，中国要全面发展自己，不仅要从本国的实际出发，还需要有全球的眼光，从全世界的角度去进行全方位的思考。我们不仅要有民族自豪感，还要有放眼世界的胸襟和气度。经过中西方社会发展模式的比较，中国选择了现代化的道路，开始了中国历史上最深刻的社会转型，即由传统农业社会向现代工业社会的转变，也开始了中华民族伟大复兴之路。这也是新时代爱国主义内在要求和具体实践的表现。全球化的实质是整个世界相互依赖、共同生存。所以，当代大学生就更应该胸怀祖国、放眼世界，树立全球意识，积极参与全球化进程，为顺利完成中国现代化的社会转型做出自己的贡献。

（三）抓住全球化机遇，发展自己

当代世界发展的全球化：使人们的生活联系比以前任何时候都更加深入、更加紧密和更加及时，为社会主义的发展带来了巨大的历史机遇和有利条件。首先，全球化为社会主义的发展创造了历史前提全球化虽然是由资本主义主导的，但在客观上却推动了社会主义国家的发展。其次，全球化为社会主义发展提供了相对和平的发展环境，使社会主义国家有可能集中精力发展本国经济、政治和文化，不断提高自己的综合国力。再次，全球化使人类交往更加普遍、紧密，为社会主义对外开放提供了有利条件。最后，全球化为社会主义文化走向世界提供了历史性的机会。

当代全球化发展是不可阻挡的历史潮流，我们在大力弘扬爱国主义精神、又好又快地建设中国特色社会主义现代化的同时，还必须放开眼界，扩大胸怀，以积极而理性的姿态参与世界的全球化进程，正确处理好热爱祖国与关爱世界、为祖国服务与尽国际义务、维护世界和平与促进共同发展的关系，实行互利共赢的发展战略，促进国家和民族的发展与复兴。

三、爱国主义与弘扬和培育民族精神、时代精神

所谓民族精神，主要是指一个民族在长期的发展过程中所形成的，为本民族绝大多

数成员所认同的价值取向、思维方式、道德规范、精神气质的总和。中华民族精神主要包括以爱国主义为核心的团结统一、爱好和平、勤劳勇敢、自强不息等具体内容。

在新的历史条件下，发扬爱国主义优秀传统就是要把弘扬民族精神与倡导时代精神有机地统一起来。《公民道德建设实施纲要》指出，我们要"在全社会大力宣传和弘扬解放思想、实事求是，与时俱进、勇于创新，知难而进、一往无前，艰苦奋斗、务求实效，淡泊名利、无私奉献的时代精神"。大力弘扬以改革创新为核心的时代精神，这是新时代爱国主义的时代要求，是实现中华民族伟大复兴的必要条件。

建设中国特色社会主义是一项前无古人的伟大的创造性事业，只有坚持解放思想、实事求是、与时俱进，大力弘扬以改革创新为核心的民族时代精神，才能使全体人民始终保持昂扬向上的精神面貌，不断推进中国特色社会主义伟大事业的发展。因此，作为当代大学生，必须努力学习先进的科学技术和技能，自觉投身于改革创新的伟大实践中去，发扬团结协作、艰苦奋斗、脚踏实地的作风，树立创新意识，发扬创新精神，为社会的各方面创新做出应有的贡献。

第三节　做一名坚定的爱国者

爱国主义不仅是个体在情感与观念上对祖国的认同和尊敬，而且更强调每个人身体力行，积极投入到报效祖国的社会实践中。近代以来中国知识分子的一个最为鲜明的群体特征，就是每当祖国需要之时，他们总是挺身而出，为了民族和祖国的利益奉献自己的一切。做一个坚定的爱国者，应当是我们这一代大学生最基本的追求。

一、自觉维护国家利益

冼星海曾说："我有我的人格、良心，不是钱能买的。我的音乐，要献给祖国，献给劳动人民大众，为挽救民族危机服务。"邓小平同志曾说，中国人民有自己的民族自尊心和自豪感，以热爱祖国、贡献全部力量建设社会主义祖国为最大光荣，以损害社会主义祖国利益、尊严和荣誉为最大耻辱。强烈的民族自豪感、坚定的民族自尊心和自信心是爱国者的内心信念，民族自豪感是促进民族进步的爱国主义情感。能否把祖国利益放在高于一切的地位并且自觉地去维护它，是识别真假爱国主义者的重要标准。先天下、后个人，是历史上一切爱国者所具有的共同品质。由于爱国主义内化为人们的人生观、价值观和道德观等方面，因此爱国主义不仅表现为关心和维护祖国利益的思想观点，而且以一定的行为模式表现出来。

一个真正的爱国者，应当以主人翁的精神关心祖国的命运和前途，坚持把祖国的利益放在第一位，自觉维护祖国利益，并努力做到以下几点：第一，自觉承担起对国家应尽的义务和责任。即当祖国的领土和主权受到侵犯时，自觉地担负起保卫祖国的神圣职责；当国家利益受到损害时，同一切有损国家利益的行为做斗争；当个人利益与国家利益相矛盾时,个人利益应无条件服从国家利益。第二,自觉维护改革发展的稳定大局。古人云:"利莫大于治,害莫大于乱。"因此,我们做什么事情都应当从国家和民族的安危、社会主义现代化建设成败的大局着眼,做到识大体、顾大局、守法纪,珍惜今天来之不易的发展机遇和相对稳定的社会环境,自觉维护社会的安定团结。第三,不断增强和树立民族自尊心和自豪感。坚定的民族自尊心和自豪感,是维护国家利益、促进民族进步的取之不尽、用之不竭的强大精神动力。人有人格,国有国格,真正的爱国者把维护国格看得比自己的生命还重要,而且会不惜一切代价去维护国家的尊严和荣誉。现在,维护社会主义祖国和中华民族的尊严和荣誉更应该成为每一个公民,特别是大学生的神圣职责。第四,坚决反对否定祖国光荣历史、卖国求荣、损害我们民族自豪感和民族尊严的卖国主义和虚无主义。卖国主义是爱国主义的对立物,任何卖国行为都是被人们仇视和鄙视的。虚无主义否定了民族发展的延续性和历史发展的继承性,因此崇洋媚外的民族虚无主义是错误的,与爱国主义也是不相容的。今天的爱国,要把民族自尊心和自豪感落实到具体的爱国主义行动之中。每个人的能力有大小,觉悟有高低,即使不能为国家争光,但至少也不能为国抹黑;即使不能为国家做出突出的贡献,至少也要遵纪守法,做一个合格的公民。

二、促进民族团结和祖国统一

国家的统一,人民的团结,国内各民族的团结,是我们事业必胜的基本保证。在中华民族漫长的历史发展过程中,各民族共同创造了统一的多民族国家,各族兄弟姐妹团结友爱,和睦相处,形成了强大的凝聚力和向心力,国家和民族的整体利益把各族人民的利益、荣辱牢牢地联系在一起。中华人民共和国是全国各族人民在中国共产党领导下,经过艰苦卓绝的斗争,建立起来的一个崭新的统一的多民族国家。各民族在共同利益的基础上确立了平等、团结、互助、友好的社会主义民族关系,并且使之不断得到加强。党和国家实行的民族区域自治制度,比较好地解决了民族问题。长期的实践也证明,民族区域自治制度的实行对于维护和巩固祖国的统一,维护各民族的利益和权利,促进各民族的不断融合和共同繁荣发展,发挥了非常重要的作用。在当代建设中国特色社会主义现代化、全面实现小康社会的伟大实践中,各族人民的团结协作、共同努力,极大地增强了我国现代化的综合国力。同时,国家综合国力的增强也更加促进了各民族之间的紧密团结,并且使得我们国家有效地抵御了在建设世界经济政治新秩序的过程中出现的民族分裂主义逆流的影响,保持了国家的长治久安。所以,在维护民族团结的斗争中,我们要坚决反对大民族主义倾向和地方民族保护主义倾向,禁止对任何民族的歧视和压迫,禁止一切破坏民族团结和制造民族分裂的行为。作为中华民族的一分子,我们都要发扬爱国主义优秀传统,牢固树立民族团结的思想,努力学习和掌握党和政府关于加强民族团结的方针、政策及相关的法律,自觉维护民族之间的团结,反对民族分裂,为中华民族的伟大复兴做出自己的贡献。

和平解决台湾问题,实现祖国的完全统一,是海内外中华儿女的共同心愿,是中华民族的根本利益所在,是实现中华民族伟大复兴的前提。为了早日实现祖国的统一,中国共产党和中国人民进行了长期不懈的努力。在"和平统一,一国两制"基本方针的指导下,我国分别于 1997 年和 1999 年顺利地恢复了对香港和澳门两地行使主权,使祖国统一大业向前迈进了一大步,极大地鼓舞了全国各族人民和港澳同胞及海外侨胞,坚定了祖国统一的信心。目前,我国正在为早日和平解决台湾问题、完成祖国统一大业而不断地努力着。台湾自古以来就是中国领土神圣不可分割的一部分,中国人民不会允许任何人以任何方式把台湾从中国分裂出去。国家要统一,民族要复兴,这是历史发展不可阻挡的趋势和社会发展的规律。为此,我们在继续坚持"和平统一,一国两制"基本方针的基础上,还要坚持胡锦涛同志就新形势下发展两岸关系提出的四点意见,即坚持一个中国的原则绝不动摇,争取和平统一的努力绝不放弃,贯彻寄希望于台湾人民的方针绝不改变,反对"台独"分裂活动绝不妥协,坚决贯彻实施《反分裂国家法》,以最大的诚意、尽最大的努力争取和平统一的前景,坚决反对任何"台独"的分裂行为总之,不管国际环境如何变化,不管存在多大困难和阻碍,中华民族实现国家和民族统一的决心和信心是不可动摇的。一切热爱祖国的人都应该,而且必须为完成祖国统一大业而继续努力奋斗。

三、增强国防观念,维护国家安全与和平

大学生是我国社会主义现代化建设的接班人和后备军,他们自身综合素质的好坏直接影响着社会的发展。提高大学生综合素质,是当前高等教育的重要任务之一。国防素质是当前大学生应当具备的基本素质之一。增强国防观念,掌握必要的基本国防知识,不仅有助于强健体魄,磨炼意志,锻炼毅力,也有助于养成讲道德、守纪律、知荣辱、明是非的良好品格,从而在思想、知识、技能和体质等方面都得到全面快速的发展,促进自身综合素质的提高。同时,大学生通过学习国防知识,参与军事训练,参与国防教育活动,不仅增强了国防意识和素质,还增强了关注国家安全与发展的国防责任感,强化了国家忧患意识,提高了自觉关心国防、了解国防、热爱国防、积极履行国防义务的自觉性,从而也增强了学习的动力和决心。因此,当代大学生作为祖国未来的建设者和接班人,应该将爱国之情、报国之心、卫国之志有机地统一起来,心系国家的发展与安危,努力学习各种本领,为国家的国防和军队现代化建设贡献自己的一分力量。

四、以振兴中华为己任

人是社会的人,人总是要在一定的社会环境和群体中生活、学习和工作。国家的存在和发展是个人生存和发展的前提,而国家的繁荣也需要每一个热爱祖国的个人去为之奋斗。一个坚定的爱国者必定会深刻地意识到个人与祖国是血肉相连、休戚与共的关系,从而牢固树立起对国家的责任感。在当今时代,处在社会主义初级阶段的中国要在新世纪的激烈竞争中抢占经济发展的制高点,迫切需要一大批努力学习、顽强拼搏、掌握科学

文化知识、勇攀现代科学高峰的各类人才。具有爱国责任感的当代大学生应自觉地担负起科教兴国的重任，学好知识，打好基础，为把我国建设成为富强、民主、文明、和谐的社会主义现代化国家而奋斗。同时，大学生还应当努力加强自己的思想道德修养。这是因为，在今天和未来的时代里，一个民族的大多数成员所具有的良好的道德素养和崇高的精神境界乃是一个国家真正现代化的标志，是一个民族在世界民族之林的形象和旗帜。聪明才智的学识之花，只有在良好的民族思想道德的引领下，才可能结出丰硕的社会文明之果。

当代青年学子普遍重视自身价值，渴望自身价值的实现对此，一个健康文明的社会是给予充分保护和尊重的，因为实现自身价值是个人发展的重要动力。但人的存在首先是一种社会的存在，自身价值的实现及其实现程度又是以社会为基本背景的。个人只有以社会为依托，才能实现其价值。事实上，对在一定社会关系中存在的个人而言，个人的自身价值不过是社会价值在个人身上的体现。那种脱离社会价值的自身价值是没有任何意义的。当代大学生正处在我国改革开放和现代化建设迅速发展的时代，时代需要一大批勇于奋斗的青年英才。历史也从来没有像今天这样充分鼓励和支持青年的奋斗，只要这种奋斗是与祖国的富强紧密相连，是符合社会进步潮流的，时代将为之提供最广阔的舞台。当代大学生只有把个人的发展同社会的进步与时代的发展结合起来，把个人的前途同人民的事业结合起来，才可能在与社会和他人的联系中，在积极地为社会、为人民做贡献中实现自身价值。

在当代中国，建设富强、民主、文明、和谐的社会主义现代化国家已成为中华民族的共同理想，成为当代爱国主义的主题。这是一项前无古人的伟大事业，是需要经过几代人、十几代人，甚至几十代人艰苦奋斗去努力实现的伟大事业。作为有知识有文化的新一代青年学生，应当具有振兴中华的意志和信念，应当树立远大的理想。

青年学生立志报效祖国，关键的一点是必须做到"知行合一"。这里的"知"既包括文化科技知识和技能，也包括爱国思想意识、意志等思想品德修养。"知行合一"，就是要我们把对祖国、对人民的爱贯彻到实际行动中去，把所学的科学文化知识应用到现实的工作中去，从自己做起，积极投身于建设中国特色社会主义的伟大实践中。

创造人生价值

第四章

我们在成长的过程中，常常会遇到这样的困惑：人活着是为了什么？人生的价值在哪里？怎样才能拥有一个有价值的人生……在大学阶段，同学们通过系统学习人生观、价值观的理论，可以深入地思考这些问题，从中领悟人生真谛，创造出有价值的人生。

第一节　树立正确的人生观

人不仅具有自然属性，还具有社会属性，而最根本的是人的社会属性。人不仅活着，还要生产、交往、创造，形成一定的人生价值目标，以一定的人生观指导自己的行为，赋了人生这样或那样的意义。成就什么样的人生，在很大程度上将取决于人们有什么样的人生观、价值观，取决于人们追求什么样的人生目标，以什么样的态度对待人生，在人生道路上如何自觉把握自己的人生方向。

一、人生的基本问题

古希腊哲学家亚里士多德说过，人不能单独存在，在社会之外的人，不是动物就是上帝。人是社会的存在物，离不开社会。

人在社会中存在，人在社会中发展，人的本质在于其社会性。人的社会生活是多方面的，既有物质生活又有精神生活。人与人之间的社会关系也是多方面的，包括经济关系、政治关系、思想关系，其中经济关系是最主要的、决定性的关系。人的本质在现实性上是一切社会关系的总和，但"总和"并不等于社会关系的简单相加。人的本质从根本上说是由他在生产关系中的地位决定的。如在阶级社会里，生产关系主要表现为阶级关系，所以人的本质主要表现为阶级性。在不同社会历史条件下，人的本质又具有时代性特征。

人是社会的人，人的一生就是在社会中生活、实践的一生。人生需要回答和处理的问题很多，但人生的基本问题是人和社会的关系问题。如何回答和处理这一基本问题，关系到对人生的根本看法和态度，是区分不同人生观的主要标志。

在现实的社会生活中，人与社会关系的主体就是具有不同地位和扮演不同社会角色的人。在社会学中，"角色"是指处在某一特定的社会位置上的人的行为模式，它客观地规定了一个人的活动范围、应尽的义务、能享受的权利及行为方式等。因此，任何一种角色都不可能孤立地自我表现、自我发展，而是以其他角色为前提和参照。通俗地讲，没有儿女则无父母角色的存在，反之亦然。因此，角色关系揭示了个人与他人之间最基本的关系，而这些关系在本质上都是社会关系。既然角色是由人的社会地位所决定的，它表现了个人在社会发展的一定阶段上的位置,那么对于每一种社会角色都有相应的角色规范,这也是社会对个人行为的期待。这种规范或期待在形式上既表现为道德的,又表现为法律的,既反映现时代的要求,又体现了历史文化的积淀。而在角色规范中,行为的模式和方式是角色的外部形式,角色的责任和权利则是其内核。因此,如果一个人不尽其角色责任,就失去了该角色的价值和意义。从这个角度看,人们履行角色责任的过程,也是人的社会本质外化的过程。从人生发展的自然过程来看,人在一生中将可能扮演各种各样的角色,人的社会角色是随着人的社会化的不断深入而丰富起来的。

二、树立正确的人生观

(一)确立高尚的人生目的

人生目的是指生活在一定历史条件下的人,对"人为什么活着"这一人生根本问题的认识和回答,是在人生实践中关于自身行为的根本指向和人生追求。

人生目的在人生实践中具有重要的作用。人生目的决定走什么样的人生道路。凡成就事业、贡献社会和国家的人,多在青年时期就确立了正确的人生目的,做出正确的人生选择,始终朝着正确的人生发展方向前进。人生目的决定持什么样的人生态度。正确的人生目的可以使人顽强不屈、乐观向上、勇往直前;而错误的人生目的则会使人游戏人生,或是投机钻营、铤而走险,甚至走上违法犯罪的道路,呈现出对自己不负责任的人生态度。人生目的决定采取什么样的人生价值标准。正确的人生目的使人懂得人生的价值在于奉献,从而在工作中尽职尽责,生活中积极努力;错误的人生目的则会使人把人生价值理解为向社会或他人进行索取,从而在生活中以追逐个人私利为目的,忽视国家和集体利益,甚至做出损害国家、社会和集体利益的事情。

不同的人生目的决定了人为什么而活着以及怎样去生活,也决定了一个人的人生是光彩耀人还是卑鄙肮脏。高尚伟大的人生目的造就为社会、为国家、为人民自觉自愿奋斗奉献的一生,青年学生成长成才必须确立高尚的人生目的。

(二)确立积极的人生态度

人生态度,是指人们通过生活实践所形成的对人生问题的一种稳定的心理倾向和基本意图。每个人的一生中都会遇到苦乐、生死、祸福、得失、成败等一系列人生矛盾如何面对这些矛盾,以一种什么样的人生态度处理这些问题,将直接决定一个人的人生成功与否。

人的一生不可能是一帆风顺的。百年一瞬,生命是短暂的,但生命又是漫长的,它需要一个完整的过程才能把人生画上一个圆满的句号。

人生须认真。大学生应以认真的态度对待自己的人生,明确生活目标,正确认识和处理人生中遇到的各种问题,要对自己、对家庭、对国家和对社会负责,满腔热情地投身于生活、学习和工作之中。

人生当务实。大学生应当遵循客观规律并从人生实际出发来规划自己的人生,不能好高骛远、眼高手低、浅尝辄止,否则将一事无成要坚持实事求是的思想方法和人生态度,正确处理理想与现实之间的矛盾,脚踏实地、一步一个脚印,也来实现自己的人生目标。

人生应乐观。大学生对人生发展的曲折性和规律性要有正确的认识。大学时期是人生特定的成长阶段,面对学习、就业、恋爱等各种实际问题,许多事情都不会总是尽如人意、一切顺心。所以,面对各种挫折要有坚强的承受力,不能消极悲观,更不能颓废堕落、自暴自弃。鲁迅先生曾说:"愿中国青年都摆脱冷气,只是向上走,不必听自暴自弃者的话。能做事的做事,能发声的发声,有一分热,发一分光,就如萤火一般,也可以在黑暗里发一点光,不必等候炬火。"这是乐观人生态度的深刻写照。

人生要进取。要以积极进取、开拓创新的态度迎接人生的各种挑战,要发扬自强不息、敢为人先、百折不挠、坚忍不拔的精神,在为他人谋福利、为社会做贡献中提升自身生命的价值,在创造中谱写灿烂的人生。

（三）抵制错误的人生观,用科学高尚的人生观指引人生

反对拜金主义的人生观。拜金主义人生观是一种认为金钱可以主宰一切,把追求金钱作为人生至高目的的人生观。就像莎士比亚说的:"金子?贵重的、闪光的、黄澄澄的金子?不,是神呦!"金钱是什么呢?严格说起来,在经济社会当中,是人们进行物质交换的媒介,或者是人们进行物质交换和改善生活的必要的物质手段。金钱是生活的辅助形式,不是人生的主要目的。有了金钱并不等于就有了人生的一切,金钱不是万能的,钱要正确地运用,钱可以使我们的生活得到相对改善,使我们生活得富裕,但是金钱绝不是圣物,而拜金主义就是将金钱神圣化、神秘化,视金钱为圣物,把对金钱的追逐作为自己生活的全部。如果拜金主义盛行,就会有权钱交易,社会就会有贪赃枉法。所以,要正确对待金钱和拜金主义的关系。

反对享乐主义的人生观。享乐主义人生观是一种把享乐作为人生目的的人生观,主张人生的唯一目的和全部内容就在于满足感官的需求和快乐。有两种典型代表:一种就是认为人生是短促的,所以人生要享乐;另一种是完全满足感官需求和快乐的人生价值的思想。我们要认清辛勤劳动之后的享受生活与享乐主义的本质区别。以辛勤劳动为荣,以好逸恶劳为耻。我们不反对享受,但绝不倡导享乐主义。爱因斯坦说得很清楚,"人们努力追求的庸俗的目标,财产、虚荣、奢侈的生活,我总觉得是可鄙的"。

反对个人主义人生观。个人主义人生观是一切从个人出发,把个人的利益放在集体利益之上的人生观,主张个人本身就是目的,具有最高价值,社会和他人只是达到个人目的的手段。历史上,个人主义确实有它的积极意义,但是它也有消极的一面。我们要把追求个人的正当利益和个人主义区别开来。作为社会的人是个体的,没有个体的人的存

在也不会有社会的存在，没有个人利益的存在也不会有社会利益的存在。追求个人正当的利益是对的，追求个人合理正当的利益是正确的。极端的个人主义以个人主义为中心，当个人利益与社会利益、他人利益相矛盾时，把个人与社会对立起来，否认社会和他人的价值，甚至不惜采取损人利己的方式来追求自己的人生价值。这样的人生价值是错误的。

上面三种人生观尽管在形式上不同，内容上不尽一致，但是它们都具有共同的特征。它们都是剥削阶级的人生观，反映的都是狭隘的阶级利益，不具有无产阶级的宽广胸怀和远大的理想，更不会代表人民群众的利益。它们都没有正确把握个人与社会的关系，忽视和否认社会性是人的存在和活动的本质属性，它们对人的需要的理解是片面的，夸大了人的某方面的需要，而忽视了人的全面性的需要。这样的人生观显然是错误的。

生命总是要消失的，在人生不到 100 年的历程中，必须把人的生命放在伟大的事业中去。在历史上涌现出的形形色色的人生观中，只有为人民服务的人生观才是科学的、正确的，是值得同学们去践行的。

为人民服务的人生观经历了一个从马克思和恩格斯提出的"为绝大多数人谋利益"，到列宁提出的"为千千万万劳动人民服务"，再到毛泽东精辟概括的"为人民服务"这样的一个发展过程。1848 年，马克思恩格斯在《共产党宣言》中指出："过去的一切运动都是少数人的或者为少数人谋利益的运动。无产阶级的运动是绝大多数人的、为绝大多数人谋利益的独立的运动。"1905 年，列宁在《党的组织和党的文学》一文中，在谈到无产阶级文学为谁服务时说："它不是为饱食终日的贵妇人服务，不是为百无聊赖、胖得发愁的几万上等人服务，而是为千千万万劳动人民服务，为这些国家的精华、国家的力量、国家的未来服务。"毛泽东继承马克思主义经典作家思想，并结合中国的实际，把人生目的精辟地概括为"为人民服务"。1944 年，毛泽东发表了著名文章《为人民服务》，对全心全意为人民服务的思想作了集中深刻的阐述。

以为人民服务为人生目的，代表了一种高尚的人生目的，应该成为我们时代最先进最崇高的精神。越来越多的人具有这种崇高的精神，就会促使中国特色社会主义建设事业更快更好地向前迈进。为人民服务的本质是对社会做贡献，这是社会主义的本质要求，是人类社会发展的必然，是人类历史上最先进入生观的体现。当代大学生只有确立为人民服务的人生目的，才能辨析拜金主义、享乐主义、极端个人主义等人生观的实质，自觉抵制它们的侵蚀；能以积极心态看待人生的意义，把个人努力与人民的事业结合起来，胸怀远大理想，积极投身社会实践，不断开拓人生的更高境界。

也许有人会认为，为人民服务太空了，不实在，难以有一个明确的践行方式。其实不然，因为树立为人民服务的人生观，以为人民服务的人生目的指导自己的人生实践具有不同的层次：最高层次是毫不利己，专门利人；实践层次是为整个社会服务。大学生具体实践方式是关心社会、关心学校、关心同学、奉献自我。

第二节 创造有价值的人生

一、人生价值与评价标准

价值是人们在生活中经常使用的概念,如经济价值、道德价值、审美价值、医疗价值、文学价值等,我们这里所说的价值不是这些具体领域的价值,而是哲学世界观领域的价值,它比具体领域事物的价值更广泛、更抽象。所谓价值,是指人的需要与事物属性之间的一种特定关系,即事物对人的积极意义。

人生价值是一种特殊的价值,是人的实践活动对于社会和个人所具有的作用和意义。人生是一种价值形态,人生的过程是一个动态实践的过程。因此,追求人生价值在某种意义上是人的社会本质的必然外化。然而,在现实生活中,不同的人有不同的价值目标,不同的人对价值的认定和选择不一样,这是一个事实。尤其在现代社会中,人们这种多样性、多层次的存在是不可避免的。但是无论什么人,无论追求的目标是大还是小,都必须对人生价值的标准与评价有正确的认识,对人生价值的实现条件有充分的准备,才能在自己的人生中创造出辉煌的成绩。

一个人的人生价值,必须通过个人与社会、与他人之间的双重关系才能得到自我价值,是个体的人生活动对自己的生存和发展所具有的价值,主要表现为对自身物质和精神需要的满足程度。人生的社会价值,是个体的人生活动对社会、对他人所具有的价值。

一个人的生活具有什么样的价值,从根本上说是由社会所决定的,而社会对一个人的价值评判也主要是以他对社会所做的贡献为标准。个体对社会和他人的生存和发展的贡献越大,其人生的社会价值也就越大;反之,人生的社会价值就越小。如果个体的人生活动对社会和他人的生存和发展没有任何贡献,不承担任何责任,那么这种人生就是没有价值的。

对人生价值的评价,除了要掌握科学的标准外,还需要掌握恰当的评价方法,做到以下三个坚持。

(一)坚持物质贡献与精神贡献的统一

在评价人生价值时,人们往往较多地注意物质方面的贡献,甚至把物质贡献作为唯一的尺度来衡量人生价值。这是不妥的。社会的发展与进步是物质文明和精神文明的发展与进步,评价人生的价值既要看个人的物质贡献,也要看精神贡献。在人类文明史上,一部分人主要是在物质财富的创造方面做出了贡献;另一部分人主要是在精神财富的创造方面做出了贡献;还有许多人既明显地创造了物质财富,又突出地创造了精神财富。个人向社会所贡献的物质财富是人生价值的直接表现,崇高的理想境界和道德情操向社会贡献的是巨大的精神财富,它会极大地鼓舞和教育社会成员,转化为推动社会前进的巨大物质力量。

（二）坚持完善自身与贡献社会的统一

人生的真正价值在于对社会的贡献，但这并不意味着对自我价值的否定。社会是人类创造并由其个体组成的，人的自我完善和全面发展将使个体发挥更大的创造性，为社会贡献更大的力量。

（三）坚持能力有大小与贡献须尽力的统一

人们的贡献可以表现为具有重大突破的发明创造，或震惊世人的壮举，而大量的则表现在平凡工作的默默奉献中，不能简单地认为能力大的人就实现了人生价值，人生价值就大；能力小的人就没有实现人生价值，或者人生价值就小。考察一个人的人生价值，要把个人对社会的贡献与他的能力以及与能力相对应的职责联系起来。任何人，只要在自己的岗位上尽职尽责，兢兢业业，就应该对其人生价值给予积极的肯定与评价。

二、实现人生价值的条件

人生价值的实现是需要一定条件的。这些条件既包括作为人生环境的社会历史条件，又包括个人自身的条件。

（一）人生价值实现的社会条件

人，作为自然与社会的产物，生活在一个不以个人的意志为转移的，包括社会制度、社会结构、社会关系和规范等在内的社会系统中。人的实践活动依赖于特定历史条件下社会为其提供的客观条件，首先，特定社会历史条件下的现实生产关系和政治制度、法律制度、文化制度、人才制度等，是人的创造力能得以充分发挥的客观条件。在人类历史上，许多有抱负有才能的人之所以未能实现自己的人生价值目标，就是因为缺乏实现人生价值的社会客观条件。一般说来，随着社会的进步，人生价值实现的社会客观条件也在不断改善。我国社会主义制度的建立与完善，改革开放以来形成的良好经济、政治、文化和社会条件，为人们实现人生价值提供了广阔的舞台。大学生要珍惜这难得的历史机遇，以中国社会提供的有利条件为基础，努力奋斗，实现自己的人生目标。其次，人生价值目标要与社会主义核心价值体系相一致。社会主义核心价值体系集社会主义价值理念之大成，在所有社会主义价值目标中处于统摄和支配地位，是中国特色社会主义社会的主导价值。它体现了和谐社会建设所需要的文化认同和价值追求，是人们观察世界、判断事物的基本标准。我们要学会运用科学的世界观和方法论，正确认识社会发展规律，正确把握社会思想意识中的主流和支流，正确辨识社会现象中的是非、善恶、美丑，确立与社会主义核心价值体系相一致的人生价值目标。

（二）人生价值实现的个人条件

一个人选择了与社会主导价值目标相一致的方向，可以说满足了个体人生价值追求的一个最基本的社会前提。在这个前提下，追求人生价值还要根据自身的条件去选择起点和具体的目标及途径。忽略了这个条件，人生价值的追求不仅可能事倍功半，而且可能导致对根本价值目标的否定。因为，人生价值的追求并不是一种空洞的纯粹的观念运动。同时，人的丰富性决定了人生价值追求的内涵是具体的、广泛的，所以这个追求必然通过具体的人生活动及其形式和实践的成效来体现而个体自身的条件，包括素质、性格、特长、能力、潜力等是有差异的。因此，人生价值追求越符合自身实际，选择的自觉性越高，实践的成效往往就越好，就越有利于促进人生价值追求的不断发展和良性循环。

青年时期是一个人自身条件变化较大的阶段，再加上社会经验、人生阅历等方面的限制，人们往往容易把主观的想象当作对自身条件的认知，夸大或者低估自身的能力，不切实际地抬高或者贬低自己，从而给人生价值的实现带来意想不到的障碍。所以，要想顺利实现人生价值，从主观上来看，就应该客观地认识自己，并不断提高自身素质，为实现人生价值打下坚实基础。首先，要不断提高自身能力，增强实现人生价值的本领。个人的主观努力在相当大的程度上决定着一个人的人生价值的实现程度。人的能力具有累积效应，能够通过学习、锻炼得到强化。大学生可塑性很强，正处于增长知识才干的关键期，可以通过各种方式和途径提高自己的文化素质、思想素质、身体素质、心理素质等各方面的素质，为实现人生价值创造良好条件。其次，从平凡的小事做起，从我做起。人生价值终究要通过自己所从事的事业展现出来。不是每个人都会做出轰轰烈烈的贡献，但每个人都能做到在自己的岗位上脚踏实地、埋头苦干，发挥自己的聪明才智，实现自己的人生价值。大学生切忌好高骛远，要立足于现实，从每一件小事做起，从眼下做起，在奋发努力中实现自己的人生价值。再次，实现人生价值要有自强不息的精神。"天行健，君子以自强不息"。当代大学生要实现自己的人生价值，需要在实践中继承和弘扬这种自强不息的精神。畏惧劳苦，贪图安逸，坐享其成，最终只能虚度年华，抱憾终生。只要自己的人生目标符合社会需求，就要一往无前，尽心尽力；只要保持自强不息的精神状态，人生终会有价值。

三、在实践中创造有价值的人生

马克思主义认为，人生价值不是与生俱来的，也不是主观自封的，只能通过艰苦的劳动和创造，在认识世界和改造世界的社会实践中获得。因此，人生价值首先在于劳动创造，已有的地位、权力、金钱、名声、资历、学历等等只是创造人生价值的条件，并不等于已经创造了相应的价值。任何优越的客观和主观条件都代替不了人们有意识、有目的的劳动。人们正是根据自己的一定条件，通过改造自然、改造社会，在实践活动中创造一定的物质财富和精神财富，满足人们生存和发展的需要。人生价值的实现是一个实践的过程，是一个努力奋斗的过程。人生价值的评价就是对实践及其成果的评价。有价值的人生，只有在劳动和创造的社会实践中，在为社会进步和人民利益的奉献中才能真正实现。

当代大学生要实现崇高的人生价值，仅仅靠努力学习掌握现代科学技术技能和科学文化知识是不够的，更重要的是要投身于社会实践，在承担责任中体现创造人生价值。人生之所以有意义，人之所以有价值感，人之所以要追求人生的价值，从根本上说，是因为人具有社会性的本质。从具体的意义上看，社会并不是一个混沌体，而是人与人之间各种关系的有机体。每个人在社会生活中扮演着不同的社会角色，形成不同的社会关系，每个人的存在与发展都不是截然孤立的，总是这样或那样在不同层面和程度上与他人和社会发生联系的，而责任关系是各种社会联系中最内在、最基本的关系。正是这种关系使得社会成为一个相互规定、相互制约的有机组织，这与其说是外部强加于个人的，不如说是由人自身赖以生存和发展的必然性所决定的。因为，处在群体、社会之中的人，如果没有一定的责任，人与人之间没有一定的责任联系，社会就不可维系，个人也无法生存。

既然人的责任关系是社会联系中一种最内在、最基本的关系，那么人的价值意识只有在承担责任中才能获得真正的、完全的体现。

艰辛知人生，实践长才干，这是古往今来许多人成就事业的经验总结。许多在校的大学生利用放假和课余时间参加青年志愿者活动，他们不计报酬，不怕困难。有的大学生深入老少穷地区，用自己的知识为贫困地区的人们排忧解难；有的大学生去落后地区义务支教；也有的大学生积极参加社会公益事业，等等。这些大学生通过社会实践活动不仅了解了社会，锻炼了才能，而且体现了人生价值，这无疑为他们日后走上工作岗位积累了经验，打下了基础。人生实践是贯穿人的一生的，人生对社会做出贡献主要集中在各自的工作领域中。每个人只有在社会实践中，通过自身的劳动和创造活动才能满足社会的需要，才能使自己的内在潜力得到充分的发挥，从而实现自身的价值。所以，一个人要实现自己的人生价值，就要进行创造性的劳动，在自己的工作岗位上尽职尽责，在社会实践中进行创造并做出贡献。

第三节　科学对待人生环境

作为当代大学生，要想实现自己的人生价值，一定要把自己融入所处的社会环境中。所谓人生环境，就是人们的社会实践活动所赖以展开的各种关系的总和。人生价值能否实现以及实现的程度与如何对待人生环境有重要关联。如何科学对待人生环境呢？在社会实践中，要促进人与外部环境、人与他人的和谐以及人自我身心的和谐。

一、促进人与自然的和谐

人是自然界的产物，无论人类进化到何种程度，都改变不了这样一个事实。这就使得人与自然之间存在一种相互依赖、相互促进的关系，而促进人与自然的和谐也就显得至关重要了。

人的生存离不开自然,人永远是自然界的有机组成部分。物质资料的生产和再生产,以及人自身的生产和再生产,都是以自然界的存在和发展为前提条件的。没有自然界就没有人本身。

而人与其他自然物的不同在于,人不是被动地接受自然的赐予,而是根据自身的需要利用和改造自然,人类本身也在对自然的改造活动中不断发展自己。但是,人对自然的改造却存在着两面性,一方面创造了丰富的物质财富,另一方面也存在着对资源的掠夺。

协调人与自然的关系,成为当今世界高度关注的议题之一。人们普遍认识到,人类目前面临的人与自然不协调的问题比历史上任何时候都要复杂和严峻。这使人类不得不对自己的行为进行反思,探求环境伦理的基石。中国传统文化占主导地位的"天人合一"思想中蕴含着深邃的生态伦理观,与当代可持续发展的要求相吻合,对保护人类生存环境具有重要指导意义。它肯定人与自然界的统一,强调人类应当认识自然、尊重自然,反对一味地向自然索取,反对片面地利用自然与征服自然。"天人合一"思想强调的是人与自然的协调,其理论的基础实际上就是把整个世界看成一个大系统。人类盲目地征服自然,已经遭到了自然界的报复,如环境危机、能源危机不断发生。面临这些问题,大学生要积极行动起来,开展节约资源、保护环境的实践活动,树立保护环境光荣、奢侈浪费可耻的正确人生观;从我做起,从小事做起,在校内美化校园,在社会上积极宣传环保知识;养成节约资源的良好习惯,实现与自然的和谐相处,在和谐中感受快乐,感受幸福。

二、促进人与社会的和谐

人是社会中的人,人生的内容是由复杂多样的社会关系和社会活动构成的人与社会不可分离,社会是个人生存和发展的基础,个人是构成社会的前提。人与社会的和谐是构建社会的核心。经济发展、环境优美、人际和谐、全体社会成员共享发展的欢乐幸福,是和谐社会的基本特征。在现代社会里,学习和工作的节奏加快,竞争加剧,人们的精神压力也随之加大,这既能够激发人们奋发进取、顽强拼搏的精神,也容易使人产生急功近利、心浮气躁的心态,特别是当个人遇到某种挫折时,甚至会产生怨恨、仇视的情绪。人们精神上的这些不利因素一旦变成极端行动,就会影响社会的和谐稳定。

促进人与社会的和谐,要把握好个人在社会中的定位,正确认识个人需要与社会需要的统一关系。人有维持个体生存和发展的基本需要,但人的这种需要与动物不同,人的所有需要要受到社会物质和精神发展水平的制约,是一种社会性的需要。因此,个人需要的满足只能借助于社会,凭借一定的社会关系,通过一定的社会方式实现。而社会需要也不是脱离个人需要独立存在的,它是个人需要的集中表现,是社会全体成员带有根本性、全局性需要的反映。基于此,如果孤立地、不联系社会需要来考虑个人需要,将使个人需要失去存在的条件,还可能导致个人需要的膨胀,最终不仅不能使个人需要得到满足,还会损害社会需要,走上犯罪道路。

促进人与社会的和谐,还要正确认识个人利益和社会利益的统一关系。个人需要体现在社会关系中就是个人利益,社会需要体现在社会关系中就是社会整体利益。在社会主义市场经济条件下,个人利益与社会利益在根本上是一致的。社会利益离不开个人利益,个人利益也离不开社会利益。社会利益不是个人利益的简单相加,而是所有个人利益的有机统一,它体现了全体社会成员的根本利益和长远利益。个人应当以社会利益为指导方向,自觉维护社会整体利益,必要时甚至牺牲个人利益。

促进人与社会的和谐,还要正确认识个人的权利与义务的关系。在《宪法》中明确规定了公民的基本权利与义务。人的权利是在社会中获得的,没有社会,个人权利无从谈起。而权利与义务又是统一在一起的。承担社会责任,履行社会义务,为社会做贡献,才能为人们享有权利提供雄厚的基础。

三、促进个人与他人的和谐

人是群居的动物,离开他人,离开人群就无法生存,因此每个人在社会生活中都要与他人交往。在现实生活中,每个人都会有自己的人际关系网。拥有和谐的人际关系,才能为人生价值的实现营造良好的人际环境。所以,我们平时在生活、学习、工作中,无论何时都应以宽广的胸怀、友善的态度实现个人与他人的和谐相处,并在此基础上达到个人利益与他人利益的共同实现、共同发展。

(一)与他人和谐相处需要坚持的原则

1. 促进个人与他人的和谐要坚持平等互助原则

平等待人是促进个人与他人和谐的前提。在与人交往中要切忌"势利眼",对人要一视同仁,同时把自尊与尊重他人结合起来,没有哪个人不想得到他人的尊重,学会换位思考,在尊重他人的同时也将得到他人的尊重。互助是促进个人与他人和谐的必然要求。在与人交往中,互相关心,互相帮助,可以加深彼此的了解,增进彼此的感情。在学习、工作、生活中,每个人都会遇到或大或小的困难,主动帮助他人是交往关系中一个重要原则,帮他人就等于帮自己,我们应努力为他人排忧解难,真诚地与周围的人互相帮助,互相激励,和谐相处,共同进步。

2. 促进个人与他人的和谐要坚持宽容原则

宽容是促进个人与他人和谐必不可少的条件。每个人在与他人交往中,由于性格、经历、文化和修养等差异的存在,产生人际矛盾是不可避免的,这时就需要遵循宽容的原则,非原则性的问题不斤斤计较,宽以待人,求同存异,这对扩大交往空间、建立和谐人际关系具有重要的意义。

3. 促进个人与他人的和谐还要坚持诚信的原则

诚信是促进个人与他人和谐的保证。真诚与守信历来被视为处理个人与他人关系的根本准则在与人交往中,彼此应当抱着心诚意善的动机和态度,相互理解、接纳和信任,重信用,讲信义。

(二)掌握成功交往的方法和艺术

在社会交往中,仅有良好的交往愿望是不够的。不少大学生想与人交往,但又不知如何交往,有时还会事与愿违,这是因为没有找到通向交往成功之路的桥梁,即没有掌握交往艺术的缘故。成功交往包括哪些方法和艺术呢?

1. 培养成功交往的品德和心理品质

成功交往的品德和心理品质包括真诚守信、热情大方、谦虚谨慎、理解宽容、志趣高雅、助人为乐等。具备良好的品德和心理品质,能增加人际间的吸引力。在良好的人际交往中,理解是基础。交往的双方能把自己置于对方的位置去认识、体验和思考时,就会设身处地地替别人着想,就会理解别人的感情和行为,从而改善待人的态度这种心理互换是培养交往能力的好方法。

2. 克服交往中的障碍心理

常见的交往障碍心理有羞怯心理、自卑心理、猜疑心理、嫉妒心理等。羞怯心理使人害怕与陌生人交往,即使交往也难以清楚、准确、充分地表达自己的见解和情感;自卑心理使人在交往中首先怀疑自己的交往能力,交往中总是畏首畏尾,遇到一点挫折就怨天尤人,自我贬损;猜疑心理是交往中的拦路虎,正常的交往因疑心作祟而产生裂痕,甚至发展为对立;嫉妒心理使人心胸狭窄,鼠目寸光,交往关系难以维持。因此,要保证正常的交往,必须通过努力,克服这些不良心理。

3. 确立良好的第一印象

人际交往总是从首次印象开始,第一印象常常鲜明、强烈、影响深远,在以后的交往中起到心理定式的作用。如果给人留下诚恳、热情、大方的印象,交往就有了基础,交往关系就能发展。相反,如果留下虚伪、冷漠、呆板的印象,别人就不愿意接近。当然,第一印象不一定就准确,"路遥知马力,日久见人心"。但是,由于第一印象的心理效应,第一印象使人的交往有一个良好的开端的作用仍值得重视。要想确立良好的第一印象,应该从仪表、言谈、举止做起,做到衣着整洁,仪表大方,语言不俗,举止得当,优雅潇洒。

4. 讲究交往的行为规范

正确的社会交往应该具有四度,即向度、广度、深度和适度。向度是指交往的方向性;广度是指交往的范围与交往对象;深度是指交往的程度、情感状态;适度是指能把握交往的分寸,处理好社交与其他活动的关系。这四度是人们社交的一般行为规范。不同的交往对象、不同的交往情景,人际空间距离是不同的,所以交往的行为规范还应包括礼节性行为与身体的姿态,如点头、鞠躬、握手等。这些运用得当可增进交往的吸引力,达到良好的效果。

5. 正确运用语言艺术

语言是社会交往的工具,在交往中起着重要作用。讲究语言的艺术,是培养交往能力的重要内容。首先,应正确运用语言,学会用清楚、准确、简练、生动的语言表达自己的思想,养成对人用敬语,自己用谦语的习惯。其次,学会有效地聆听,耐心或虚心倾听对方的讲话。最后,把握谈话技巧,能吸引和抓住对方。交往中的话题内容和形式应适应对方的知识范围、经验,合乎对方心理需要和兴趣;妥善运用赞扬和批评,使交往的氛围和谐友善;谈话要有幽默感;等等。同时,还应注意讲话的语气、表情,掌握好节奏。

四、促进人与自身的和谐

人与自身的和谐是其他一切和谐关系的基础,因而也是整个社会和谐的基础。在各种和谐关系中,主动性都在人,所以人与自身的和谐是实现其他和谐关系的关键。有了人与自身的和谐,人与人、人与社会、人与自然的和谐也就成了必然。因此,人与自身的和谐是构建和谐社会的中心环节。

所谓人与自身的和谐,是指人的内在条件和外在表现能同时代和社会相适应,并能积极地推动社会和时代的进步。它主要包括:人的思想能与时俱进,适应时代的发展;人的心理处于积极的状态,乐观向上;人的发展是全面的、协调的发展,是能力的充分展示和价值的充分体现。因此,人与自身的和谐包括了兰个层面的内容,即思想层面的、心理层面的和发展层面的。

首先,我们来看思想层面的。人与自身和谐是指个人的思想、观念能够跟上时代发展的步伐,能够与时代进步节奏相同,也就是说能够与时俱进。个人置身于社会之中,而这个社会有一整套世界观和价值观系统。个人在接受这种观念系统的教育与训练时,并非一个纯粹的被动的受体,而是具有选择性与创造性,他可以从自己独有的理解角度接受社会的主流价值观,并以自己的独特方式去参与社会实践,从而验证那些思想原则。正因为如此,才会出现社会成员思想状况丰富性和复杂性的现象。我们构建和谐社会,创造有价值的人生,需要当代大学生思想和谐,即思想与时俱进,适应时代发展要求。在处理与他人的关系上,能全面、理性地思考和处理问题,能考虑到各种可能的情况,以双赢为目的,而不损人利己;在处理与集体的关系上,能正确处理公与私的关系,努力使个人的动机、理想、目标与集体的普遍原则相协调,既考虑个人利益也考虑集体利益,坚持个人利益与集体利益的统一;在处理与国家的关系上,坚持党的领导,具有坚定的共产主义信念,具有爱国情怀,具有强烈的民族自尊和民族信念。

其次,从心理层面上讲,人与自身的和谐是指人的心理处于健康积极的状态,昂扬乐观,积极向上,富于进取。要知道,人作为一个肉身的存在是有限的,个人对物质的拥有也是有限的,但人对物质的欲望却常常是无限的。同时,人作为一种文化和精神性的存在,可以向精神世界作无限的探求和无限的进取。但在现实生活中,有许多大学生对精神的追求并不表现为无限,在很多情况下都表现为精神的畸形,其结果会造成一个人的人格分裂和心理失衡。另外,人作为个体置身于社会之中,他的言行举止既有个体的特征，也体现出社会的特征。个体行为要与社会性规则取得一致，个体行为必须体现社会伦理要求，个人必须具有道德性。一个不道德的人，其行为总是与社会相冲突。这种冲突会给个人的精神、心理造成极大的压力，形成心理、精神的紧张。人要使自己的心理处于积极、健康的状态，取决于两个方面：一方面，要看人的物质性追求与精神性追求能否取得平衡协调；另一方面，要看个体行为与社会的总体道德要求能否取得平衡与协调。如果两个方面都能取得平衡与协调，则人的心理就处于和谐状态，反之则不和谐。要做到个人心理的和谐，最佳的选择应当是：一方面，节制人的物质欲望，将其限制在合理的界限内，大力丰富精神文化生活，追求更高的精神境界，使我们的心灵不断得到升华；另一方面，在现实生活中学会尊重他人，遵纪守法，遵循社会的伦理规范，从而使自己成为一个具有良好道德修养的人。

最后，从人的发展层面上来看，人与自身的和谐就是指人的能力得到全面而自由的发展。人的全面发展，即全面发展人的各种能力。人与动物的根本区别在于人能在实践中自觉地认识和掌握客观规律以实现自己的目的，知道怎样把内在的尺度运用到对象上去，按照自己的目的来进行生活。人的这种自觉、自由的活动所体现出来的本质力量即是人的能力。因此，从这一点上来说，人的发展也就是人的能力的全面发展，将人的丰富的能力最大限度地发挥出来。

人的能力多种多样，思想素质、心理因素、道德素质等都是人的能力的表现，它是作为人与自身和谐的一个方面所讲的能力。人的各种技能、智能和潜能，则是人在现实生活中表现出来的正确驾驭某种活动的实际本领，是实现人生价值的一种有效方式。当今时代，科学技术的迅速发展，使更大限度地开发人的各种潜能成为可能。同时，从一个职业领域进入另一个职业领域越来越方便，这也对人的能力培养提出了更高的要求。作为一名大学生，要想做到人与自身的和谐，实现创造人生价值的目标，就必须加强自身能力的培养，增强自身认识、判断、解决问题的能力，以适应社会的各种需要；就必须努力学习各种知识、技术，积极参加各种实践活动，以增强自身的才干。人的智力是在认识世界和改造世界的过程中形成和提高的，人的创新能力也是在长期实践活动中逐渐积累起来的。只有这样，我们才能构建和谐社会，实现我们创造人生价值的目标。.

和谐始自人的内心，大学生正面临着人生发展的最好时期，我们应该大力倡导和谐理念，培育和谐精神，用和谐的思想认识人生环境，用和谐的态度对待人生实践，将崇尚和谐、维护和谐内化为自己的思想意识和行为习惯，为建设和谐社会贡献自己的一分力量。

锤炼道德品质

对于大学生来说,加强道德修养,塑造良好的品质,是自身实现全面发展、健康成长的重要条件。大学生时期是人生道德意识形成、发展和成熟的一个重要阶段,在这个时期形成的思想道德观念对同学们的一生影响很大。加强道德修养不仅可以使人形成良好的道德品质,还能够提高自身的精神境界,自觉地为社会服务。

第一节　道德及其历史发展

道德属于上层建筑的范畴,是一种特殊的社会意识形态,了解道德的本质、功能、作用及其历史发展,有助于大学生加强道德修养,锤炼道德品质。

一、道德的本质

什么是道德?在中国古代的典籍中,"道"一般是指事物运动变化的规律,并引申为人们必须遵循的社会行为准则和规范;"德"即得。把"道德"两字连在一起用,始见于荀子《劝学》篇:"故学至于礼而止矣,夫是之谓道德之极。"可见,道德从它的原始规定和后来的使用来说,就包含着道德意识、道德规范和道德活动等广泛内容。它既是一种善恶评价,又是一种行为标准。

在现代社会中,"道德"这个概念的科学含义包括几个方面的内容:一是社会的要求表现为道德的外部形式——行为规范;二是个体的内在约束力——表现为内在个人品质(人格)规范;三是表现为人类自我完善的一种手段——即肯定自己、发展自己、完善自己的特殊方式。我们可以给道德以科学的定义:道德是人类社会所特有的一种意识形态,是由一定的社会经济关系所决定的,依靠社会舆论、传统习惯、个人内心信念和价值观念来维持的,以善恶评价为标准的,评价人们的行为,调节人与自然、个人与个人、个人与社会之间关系的行为规范和准则的总和。道德也是人们发展自己的一种特殊力量和方式。要理解道德的科学本质,应该把握住以下四点:第一,要把握道德的基础是经济条件,即经济关系。我们只有从该时代、该民族、该阶级的经济关系中,才能对道德的本质做出合理的解释与科学的说明。第二,要把握道德是靠社会舆论、内心信念、传统习惯等力量来发挥作用的。第三,要把握道德评价的标准。从总体上说,道德评价是以善与恶、荣与辱、美与丑为标准的。在社会主义市场经济条件下,道德评价的标准具体表现为是否有利于社会的进步和历史的发展。第四,要把握道德的内涵。必须强调的是,道德是调整人与人、人与社会、人与自然界之间的关系的原则与规范的总和^特别需要指出的是,长期以来,人们在给道德所下的定义中,只涉及人与人、人与社会层面,从来没有涉及人与自然界关系的层面上,这是片面而肤浅的。总而言之,道德作为人类特有的一种社会意识形态,归根到底是由经济基础决定的,是一定社会经济关系的反映。这就是道德的本质。

二、道德的功能和社会作用

道德的功能,是指道德作为一种社会意识形态对社会发展所具有的效力。道德的功能集中表现为,它是处理个人与个人、个人与整体之间关系的行为规范以及实现自我完善发展的一种主要精神力量,它是任何社会、任何阶级的道德体系所具有的一种共同属性。概括地讲,道德的功能主要有三方面的内容。

道德的认识功能是指道德反映社会现实,特别是反映社会经济关系的功效与能力。它主要表现于道德观念、道德准则、道德理想等,有助于人们正确认识社会道德生活的规律和原则,认识人生的价值和意义,认识自己对家庭、他人、社会的义务和责任,使人们的道德实践建立在明辨善恶的认识基础上,从而正确选择自己的道德行为,积极塑造自身的道德人格。

道德的调节功能是道德最突出和最主要的功能。它是指道德通过评价等方式,来指导和纠正人们的各种行为和实践活动,协调人们之间的各种利益关系,并以此来稳定现存的社会秩序。道德的调节功能,主要通过道德评价、社会舆论、传统习惯和人的内心信念等力量发挥作用。在社会生活中,道德的调节作用并不是独立进行的,而是与政治、法律等其他社会调节手段密切配合,共同发挥调节效能的。其目标就是使个人与个人、个人与社会的关系更加趋于完善和谐。

道德的教育功能主要是通过示范、诱导、谴责等教育方式,造成社会舆论,形成社会道德风尚,树立道德榜样,以此来教育培养人们的良好道德观念和道德品质。道德教育功能的特殊意义就在于它能启发人们的道德觉悟,唤醒人们的道德信念,明辨善恶标准,从而使人们能按照一定的正确的道德原则和规范,积极自觉地调节自己的行为^因此说,道德教育是道德调节功能得以充分发挥的思想基础。其目标就是使受教育的人成为道德纯洁、理想高尚、有益于社会的人。

除上述主要功能外,道德还具有导向、激励、沟通、辩护等功能,但这些功能都是道德调节功能、教育功能和认识功能在某些方面的具体表现,都是建立在上述三大功能基础之上的。道德的各种功能虽然在调节人们之间的关系中各有不同的作用,但是它们之间是有机联系的,只有通过相互间的补充,才能充分发挥道德的各种功效。

道德功能在具体社会条件下的实施,以及所产生的社会影响和效果,就是道德的社会作用。它主要表现在兰个方面。首先,道德能够促使自己所依赖的经济基础的形成、巩固和发展,对其他社会意识形态的存在和发展也有着重大影响。其次,道德通过调整人们之间的关系,能够维护社会秩序和稳定;而且随着社会文明的进步,道德的这种作用将变得越来越突出。再次，道德作为一种精神力量会对社会生产力的发展和进步起重大作用。最后，在阶级社会中，道德是阶级斗争的重要工具。

道德虽然具有重大的社会作用，但不同的道德和同一道德在不同的发展阶段上所起作用的性质是不同的。一般来说，反映先进的经济关系和进步阶级利益的道德，对社会的发展起促进的推动作用；反之，代表落后的经济关系和没落阶级利益的道德，则对社会的发展起保守、阻碍的作用。即使是同一阶级的道德，在历史发展的不同阶段，其作用也是不同的。社会主义道德在社会主义精神文明中占有重要地位。它对于社会发展的能动作用，比历史上任何道德都更加广泛、更加深刻、更加强大。

三、道德的历史发展

道德作为一种社会意识形态，或作为一种上层建筑，它本身是由经济关系决定的，并随着经济关系的改变而变化。也就是说，没有永恒不变的道德，道德是发展的，是不断进步的。迄今为止，人类社会经历了五种社会形态，与之相适应，道德的发展也出现了五种历史类型，即原始社会的道德、奴隶社会的道德、封建社会的道德、资本主义社会的道德和社会主义社会的道德。

每个社会都有与其经济基础相适应的占统治地位的道德。在同一社会形态中，不同的阶级或阶层也会有不同的道德。在阶级社会中，占统治地位的道德是统治阶级的道德，而同时存在的被统治阶级的道德则总是处于从属地位。

人类道德的发展总的来说是不断进步的，它是一个曲折上升的历史发展过程。道德发展的规律主要表现在，人类道德发展的历史过程与社会生产方式的发展进程大体一致。虽然在某个时期可能有某些停滞甚至倒退的现象，但总的发展趋势是向上的、前进的，是一个变革和继承、否定与肯定的对立统一的发展过程。

随着人类道德的不断进步，道德在社会生活中所起的作用和影响越来越大、越来越强，道德调节的范围不断扩大，调控的手段和方式更加丰富，更加科学合理。道德的发展与进步已成为衡量一个社会文明程度的重要尺度和标志。社会主义和共产主义道德是人类道德发展合乎规律的必然产物，是人类历史上最科学、最进步的道德，是道德发展史上一个崭新的阶段，是对以往人类道德传统的批判继承，也必将随着社会的进步和实践的发展而与时俱进，不断更新。

第二节　继承和弘扬中华民族优良道德传统

人类道德的发展具有内在的规律性，既要继承中华民族的优良道德传统，又要吸收人类道德文明的积极成果，弘扬社会主义道德，倡导共产主义道德，推进中国特色社会主义道德建设。

一、继承和弘扬中华民族优良道德传统的重大意义

中华民族的传统道德，产生于我国春秋战国时期，经过后人发展，以儒家伦理道德规范为主要内容，并包含道家、墨家、法家等传统伦理道德思想的精华。大多数学者认为，儒家学说的中心内容是伦理学，是关于人际关系的学问。由孔子初创传播，后由孟子、荀子、董仲舒、朱熹与工程（程颢和程颐）等历代著名思想家根据自己所处时代的特征和不同阶级利益的要求加以改造、丰富和完善，在两宋时期达到顶峰，后开始僵化。

中华民族有5000多年的文明史，道德资源十分丰厚。有英国历史学家曾说，在人类历史上有26个文化形态，只有中华的文化传承下来，从来没有中断。埃及是个文明古国，但是它在历史上历经劫难，公元前320年因为马其顿亚历山大的入侵，它的文化希腊化了；公元20年因为恺撒的入侵，并入罗马的版图，它的文化又罗马化了；公元70年阿拉伯的移入建立了阿拉伯国家，从此伊斯兰化了。古希腊、罗马的文化也是因为日耳曼人的入侵而沉睡了千年，到了14~16世纪的时候才有了文艺的复兴。相对这些国家，我们中国虽然也有战乱、暴政，在历史上曾经历千年的战乱，其中还有焚书坑儒的暴政，但中华民族饱经忧患而能历史悠久，其原因就在于中华民族包含了这样的精神品格追求：刚健有为、自强不息、开放兼容、厚德载物、与时俱进、人文日新。这里包含了中华民族的精神，也包含了中华民族优良的道德传统，这是我们国家一笔宝贵的精神财富。今天我们继承它并为社会主义道德服务有着重大的意义。

（一）继承和弘扬中华民族优良道德传统是社会主义现代化建设的客观需要

在实现现代化的过程中，任何一个国家都面临着如何对待传统文化和道德传统的问题。中国现代化进程如果离开对中华民族优良道德传统的继承和弘扬，就会失去历史基础，而难以更好地推进。只有继承和弘扬中华民族优良道德传统，才能充分激发整个民族的潜能，为社会主义现代化建设提供精神动力。水必有源，而后不绝；未必有本，而后向荣。这是世界各国现代化过程中必须遵循的一个基本规律。

（二）继承和弘扬中华民族优良道德传统是加强社会主义道德建设的内在要求

与社会主义现代化建设一样，社会主义道德也不可能是空中楼阁，社会主义道德也是继承中华民族优良道德传统又结合时代发展的要求而形成的。我们今天继承中华民族优良道德传统，可以使社会主义道德内容更加丰富，更体现民族特点，更容易被广大人民群众所接受，也更体现民心。毛主席把马克思主义基本原理与我们民族智慧巧妙地融合在一起。"共产主义"是个外来的词，但是毛主席用《礼记》中"天下为公、世界大同"来解释共产主义，这样一说老百姓就都懂了。他还用《汉书》中"实事求是"这个词来说明什么是辩证唯物主义和历史唯物主义的思想路线。他在1916年给友人的一封信中说：

"智仁勇三大德,我们今天用德智体来配它,德配仁,智配智,体配勇。"德智体全面发展成为我们党以后长期的教育方针^古人很早就讲,行己有耻,有耻且恶,礼义廉耻,国之四维。四维不章,国家就要灭亡。胡锦涛同志提出的以"八荣八耻"为主要内容的社会主义荣辱观就包含了对我国优良道德传统的继承,不仅划清了社会主义社会是非、善恶、美丑的界限,而且为我们明确了社会主义道德的基本要求。

(三)继承和弘扬中华民族优良道德传统是个人成长的重要条件

中华民族的文化有一个特点就是文政不分、文哲不分、文史不分,综合性非常强。优良道德传统有丰厚的文化底蕴,道中有文,文以载道,因此古人特别提倡学诗、学乐,认为从中不仅可以学到文化知识,培养我们的性情,而且可以提高我们的修养。中华民族优良道德传统可以起到智德双修的作用,对我们全面提高素质有很大的帮助。中华文化是我们的血脉,传统美德是我们成长的乳汁,这些都是我们的根,根越深枝叶才会越茂盛。

二、中华民族优良道德传统的主要内容

(一)注重整体利益,强调对社会、民族、国家的责任意识和奉献精神

关于公私的辩论在我们国家自古就有,而且是一个思想的主题。也就是说,一切道德的是非都是在这对关系下展开的。先人提倡大公无私,公而忘私,强调先公后私,反对假公济私,在这方面有很多实例。《史记》记载,周公一沐三握发,一饭三吐哺。他招募人才,生怕失掉一个治国人才,因此在洗头发的时候就多次握住头发,停下来去找贤士们谈话;在吃一顿饭的时候,也要三次吐出来去找人商量国家大事,这就是他一心为公、宿夜为公的精神。

在《孟子》中有这样一段话:"禹思天下有溺者,忧己溺之也,稷思天下有饥者,忧己饥之也。"大禹治水,整天泡在水里,小腿的汗毛都泡平了,都不再长了,他认为天下有一个被淹死的,也是他造成的,他对天下人有责任。候稷叫人种庄稼,天下有一个人饿死,他认为也是他的责任,他没有对天下人尽到责任。他们都是把个人与国家联系在一起。正是从这种国家利益、整体利益出发,古人提出这样的一种想法:以义为上。他们主张见利思义、先义后利、义然后取,反对重利轻义和见利忘义。一个国家一个民族要发展,要重大局重整体,个人要服从集体,局部要服从全局,这是不可缺少的一种精神。

(二)推崇"仁爱"原则,追求人际和谐

中华文明的历史,自古就注重"仁"的原则,尊重人的尊严和价值。.孔子是最早推行和强调"仁"的,"仁"这个字不是孔子的创造,但是孔子强调它。后来孟子也说"仁者爱人",韩愈说"博爱之谓仁,仁是爱之理,心之德",这就是说,"仁"的核心是爱人。做到爱人还要爱由亲始、由近及远,亲亲而仁民,仁民而爱物。从这种仁爱的思想出发古人主张"和为贵"。"和"这种思想在我国的位置是非常突出的,在3000多年前的古代金文和甲骨文

中就有了这个字。我国自古就有"和""同"之辩,"和"不是盲目的附和,不是不分是非,不是无原则的苟同,而是"和而不同%五味相和,乃成美味;五色相和,方成文采;五音相和,音律优美。周太史史伯说过这样一句话:"夫和实生物,同则不继。"和而不同不仅是古代文化的精髓,而且是做人的基本道理。孔子说:"君子和而不同,小人同而不和。"

(三)讲求谦敬礼让,强调克骄防矜

礼是人立于社会的重要条件。古人讲,不学礼无以立。在周公时就制礼作乐,作为当时国家的大礼有这样几个方面:祭礼、凶礼、宾礼、军礼、吉礼,即祭祀之礼、丧葬之礼、外交之礼、军伍之礼、喜庆之礼。在这些礼中,祭祀之礼是非常重要的。

礼作为道德的规则,通过仪式显现出来,就是礼仪。出必告、返必面,游必有倡,归必以时。古人讲礼也是要讲适度的,不是说礼多人不怪,礼也要讲求适度,发乎情,止乎礼,乐而不淫,哀而不伤。人要敬人,首先要自谦。古代的周庙当中摆放着这样一个器皿,叫作漆器,半满的时候它正好能够立住,这个水不断地增加,全满的时候它就颠倒了。它启发人中则正,满则覆,要谦虚谨慎。

(四)倡导言行一致,强调恪守诚信

诚信是一种真实无妄、表里如一的品格。孔子有这样一段话:"巧言、令色、足恭,左丘明耻之,丘亦耻之。匿怨而友其人,左丘明耻之,丘亦耻之。"做人要讲一种真情实感,要有真性情,这样的人才能博得别人的信任,也才能在社会当中立足。正如孔子所说:"人而无信,不知其可也。"荀子则进一步将信推行于选贤治国,使信不仅是朋友伦理、交际的规范,而且扩至一切伦理关系皆应以诚信为本。中国传统道德认为,诚信的内容和要求是多方面的,但是最基本的是以诚为本,取信于人,"与朋友交,言而有信",诚信之德在于言必信,行必果,言行一致,表里如一,讲究信用,遵守诺言。对一个社会、一个民族、一个国家也是这样,所以"民无信不立"。

(五)追求精神境界,把道德理想的实现看作一种高层次的需要

中国传统道德认为,人之所以不同于动物,是因为人有道德。因而,人们除了有物质需要外,还有精神需要。而一切精神需要中最高尚的需要,就是道德需要。道德需要是对理想人格的追求。要实现这种追求,就应当明智。孟子把这看成是判断是非善恶的一种能力,认为"是非之心,智也"。在古人看来,明智则必须好学,学习是道德修养的重要内容和途径。圣贤由学而成,道德由学而进,才能由学而得,离开学将一事无成。《礼记·中庸》强调"博学之、审问之,慎思之、明辨之,笃行之",要求人们通过勤奋的学习,学以成德,学以成性。

(六)重视道德践履,强调修养的重要性

中国历史上的儒、道、墨、法各家都认为,在塑造理想人格的过程中,最重要的就是要

修身养性。孔子说："仁远乎哉？我欲仁，斯仁至矣"，"有能一日用其力于仁矣乎？我未见力不足者"。认为"仁"这种道德品质和道德境界，并不是遥不可及的。人们应当"见贤思齐，见不贤而内自省也"，"吾日三省吾身"。荀子认为，"道虽迩，不行不至，事虽小，不为不成'墨家也非常重视修身，注重社会环境对仁的道德品质的影响。

以上六个方面是中华民族古代优良传统道德的概括，这些又可以衍生出谦虚谨慎、戒骄戒躁、爱国爱民、廉洁奉公、严于律己、宽以待人、艰苦朴素、勤劳节俭、孝敬父母、尊老爱幼、诚实守信、尊师敬业等道德，还形成了刚健有为、自强不息、杀身成仁、舍生取义、仁民爱物、奋发图强的人生哲学和人生态度。

三、正确对待中华民族道德传统

对中国传统道德如何继承和弘扬？只有坚持历史唯物主义和辩证法的态度批判地继承，并予以加工和改造，从而抛弃其封建的、落后的、消极的方面，吸收其反映人民利益的、科学的、积极的方面，才能真正继承和弘扬优秀的传统道德。如传统"孝"的思想在今天仍具重要意义。在家庭中，父母应该关心、爱护、养育子女，子女应当孝敬父母，体贴自己的双亲，并在父母年老丧失劳动能力的情况下主动地担负起赡养父母的义务，这在任何时期都是必要的。大学生应当是一个孝敬父母的人。当然，传统道德中"孝"的思想应当批判地继承。孝顺父母，并不是要无原则地顺从。所以，宋明理学家鼓吹的"君叫臣死，臣不得不死""父叫子亡，子不得不亡""不孝有三，无后为大"等，是对孝的绝对化、片面化的理解，应当持批判的态度。

（一）吸收传统道德优秀成果

自从 1919 年五四运动第一次中西文化大碰撞以来，如何对待传统文化，特别是传统伦理道德文化，以及如何对待外来文化特别是西方发达国家的伦理道德文化，一直是我们在文化和道德建设上进行战略选择的一个重大而无法回避的问题。虽然我们做出了正确的分析和回答，但直到现在，所谓新自由主义、"全盘西化论"和新复古主义、儒家救国论仍然不绝于耳，成为当今意识形态领域里斗争的一个重要方面。我们有必要旗帜鲜明地表明马克思主义的基本立场和原则态度，澄清理论是非，扫除思想障碍。中华民族传统道德是一个矛盾体，具有鲜明的两重性。要坚持马克思主义的立场、观点、方法分析，采取批判地继承的原则，取其精华、弃其糟粕。按社会主义的要求和建设的需要，做好取舍和创造性的转化。批判、选择和有目的地继承的标准就是四个"有利于"：是否有利于推动中国特色社会主义的建设事业；是否有利于建设和形成有中国特色社会主义的道德体系；是否有利于维护广大人民群众的根本利益；是否有利于我们成长为社会主义"四有"新人。这是我们继承传统的标准。

通过分析、鉴别、取舍和改造，剔除那些带有明显的阶级和时代局限性的成分，继承那些反映普遍性、共同性和一般性的道德要求，对我们今天的道德实践仍然具有指导意义的积极内容。

（二）对待传统道德要反对两种错误思潮

一种是文化复古主义思潮，有些人认为我们国家现在出现道德滑坡，还出现一些落后的东西，是因为我们传统道德传统文化失落了，我们今天要建设社会主义道德就是要恢复到过去固有的文化，这其实是文化复古主义的表现和想法。另一种是历史虚无主义思潮，认为中国这些传统的东西都是发生在过去，过去是封建社会而我们今天是社会主义社会，过去的都没有用了，因而对其全盘否定，认为都没有价值，这是历史的虚无主义。这两种思潮在思维上都犯了绝对化、片面化的错误。

（三）积极吸收其他民族文明的优秀成果

人类文化和文明发展进步的过程表明，一种文化通过与异质文化交流和碰撞、冲突和融合，是保持其生命力，是实现自我更新和发展的重要机制，也是文化发展的规律性的现象。在这方面我们国家自古就有好的传统，古人讲的"海不辞细流故能成其大，山不辞土石故能成其高"，就是要有一种包容精神。海纳百川，有容乃大，在文化上也是这样，我们吸取外来的文明也要有这样一种包容的精神。作为今天的大学生，我们不但要有全球的眼光、世界的意识，而且不能消解民族自尊心和自信心。我们既要融入世界的文化当中，但同时我们不能忘了、不能失去对我们民族自己文化的认同，所以我们要深信这一点：中华民族的优秀道德传统和文化是我们民族凝聚力的精神瑰宝，是一笔非常重要的思想财富，我们每个人都是祖先的后代，我们又是后代的祖先，所以我们肩负着把中华民族优良道德传统一代一代传下去的光荣使命。

第三节　弘扬社会主义道德

社会主义道德是马克思主义伦理道德思想同中国特色社会主义伟大实践相结合的产物，是对中华民族优秀道德传统的继承与升华，是对中国革命道德传统的直接继承和发展。社会主义道德是由社会主义经济关系决定的，它是调解人与人、人与社会之间道德关系的行为规范的总和。社会主义道德以为人民服务为核心，以集体主义为原则，以爱祖国、爱人民、爱劳动、爱科学、爱社会主义为基本规范，以社会公德、职业道德、家庭美德为重要内容。在社会主义市场经济条件下，社会主义道德起着规范人们行为，倡导优良社会风尚，净化社会环境，保证和促进社会主义现代化健康发展的重要作用。

一、社会主义道德建设与社会主义市场经济

道德进步是社会主义市场经济发展的要求。社会主义市场经济体制，即在社会主义基本经济制度上实行以市场为配置资源的基础性手段的经济运行机制。社会主义市场经济是社会主义条件下的市场经济＾一方面，作为市场经济，它同资本主义条件下的市

场经济在运行规则上有相通或相似之处。现代市场经济的共同属性和一般规律,是我国社会主义市场经济必须遵循的。另一方面,社会主义市场经济是同社会主义基本经济制度结合在一起的,是同社会主义精神文明结合在一起的。它要体现社会主义基本制度的要求,充分发挥社会主义的优越性。市场经济可以和不同的经济制度和政治制度相结合。要把市场经济和社会主义制度有机结合起来,就离不开社会主义先进文化和社会主义道德体系。

社会主义市场经济既有市场经济一般的特征,又有自身的特殊性。这种质的内在规定性,决定它的建立和发展对道德进步产生着双重效应。实践证明,发展社会主义市场经济有利于解放和发展生产力,增强社会主义国家的综合国力,提高人民生活水平,也有利于增强人们的自主意识、竞争意识、效率意识、民主法制意识和开拓进取意识等,调动人们的积极性和创造性,推动社会的道德进步^但是,我们也要看到,市场自身的弱点和消极方面,如趋利性、自发性等也会反映到道德生活中来,反映到人和人的关系上,容易诱发拜金主义、享乐主义、极端个人主义等消极现象。这些因素都会干扰社会主义的道德建设,阻碍社会主义市场经济的健康发展。适应新的形势和要求,建立和完善与社会主义市场经济相适应、与社会主义法律规范相协调、与中华民族传统美德相承接的社会主义思想道德体系,确立全体社会成员共同遵循的价值导向和行为准则,提高全民族的道德素质、全社会的文明程度,已成为当前全面建成小康社会、构建社会主义和谐社会的一项紧迫任务,这是大学生在成才过程中必须面对的重要课题。

在社会主义市场经济条件下进行社会主义道德建设,要正确把握社会主义道德建设的方针:掌握社会主义市场经济对道德建设提出的新要求,要坚持公民承担社会责任与社会尊重个人合法权益相一致,先进性要求与广泛性要求相结合,着力培养与社会主义市场经济相适应的道德观念,为社会主义市场经济的发展提供良好的道德环境和有力的道义支撑。要正确处理几种关系:竞争与协作、自主和监督、效率和公平、先富与共富、经济效益和社会效益。要树立正确的义利观:正确认识和运用物质利益原则,既要鼓励人们通过诚实劳动、合法经营去获得正当的个人利益,也要大张旗鼓地褒奖见利思义的言行,反对见利忘义、唯利是图,形成把国家和人民利益放在首位而又充分尊重公民个人合法利益的社会主义义利观。要正确发挥社会主义道德对市场经济的价值导向作用:形成和完善与社会主义市场经济相适应的道德规范,发挥市场经济的积极效应,避免市场经济的消极效应,促进和保障社会主义市场经济的健康发展。

二、社会主义道德的核心和原则

社会主义道德以"为人民服务"为核心,以集体主义为原则。它符合我国当前社会主义初级阶段道德发展和道德建设的实际情况,也是社会主义精神文明建设的客观要求,是从我国历史和现实的国情出发,对社会主义道德的集中概括和总结。

（一）为人民服务是社会主义道德的核心

为人民服务是社会主义道德的集中体现，是社会主义道德区别和优越于其他社会形态道德的显著标志。在改革开放和社会主义现代化建设的新时代，社会主义道德更要坚持以"为人民服务"为核心，这是中国共产党"立党为公、执政为民"的根本宗旨。当前，在发展和完善社会主义市场经济的条件下，在构建社会主义和谐社会的过程中，坚持以"为人民服务"为核心的社会主义道德规范，是具有理论根据和现实基础的。

1. 为人民服务是中国特色社会主义的本质要求

建设中国特色社会主义现代化的根本目的，就是不断满足和提高全社会人民日益增长的物质和文化需求，让全体人民都过上富足美好的生活。为人民服务充分体现了为绝大多数人谋利益的社会主义制度的本质要求。党的十七大提出的坚持"以人为本"，让改革发展的成果实现全民共享，又好又快地全面实现小康社会，正是为人民服务的社会主义道德的具体表现。

2. 为人民服务是社会主义市场经济健康发展的内在要求

社会主义市场经济是建立在社会主义经济制度和社会主义精神文明建设基础之上的市场经济，其目的是实现全社会人民的共同富裕和幸福。市场主体只能在为社会为他人服务并为社会和他人所接受中，实现自己应得的经济利益和价值。这说明，社会主义市场经济与为人民服务具有一致性，为人民服务是社会主义市场经济健康发展的内在要求。它要求每个市场主体不仅要遵守为人民服务的规范，在实际经济活动中正确处理好个人与社会、竞争与协作、效率与公平等各种关系，还要树立为人民服务的思想，更加自觉、更加积极地主动为人民、为社会服务；它要求市场主体能够将自身的个人利益同国家和人民的共同利益结合起来，促进社会主义市场经济健康稳定地发展。

3. 为人民服务是中国共产党的根本宗旨

中国共产党将全心全意为人民服务作为自己的根本宗旨和根本出发点，是由党的性质和它所肩负的历史使命所决定的。这一宗旨是中国共产党区别于其他政党的根本标志。邓小平曾说过："中国共产党党员的含义或任务，如果用概括的语言来说，只有两句话：全心全意为人民服务，一切以人民利益作为每一个共产党员的最高准绳。它的目的是要实现社会主义、共产主义。"在新的历史时期，中国共产党只有更加坚定这一宗旨，一切以人民利益为出发点，坚持"立党为公、执政为民"的指导思想，才能充分调动广大人民的积极性，完成建设中国特色社会主义现代化、全面实现小康社会的艰巨任务。

4. 为人民服务是社会主义道德的集中体现

它具体表现在：其一，它是符合广大人民群众根本利益，符合社会主义集体主义道德原则的要求；其二，它贯穿于社会主义基本道德规范和要求之中，每个规范和要求都渗透着这种道德精神；其三，它体现着社会主义道德的先进性和广泛性的统一，不同层次、不同领域的具体道德，都是为人民服务精神在该道德领域的具体体现，每个人都能够通过不同的形式实践为人民服务的要求。

在深刻地认识和理解了为人民服务的理论依据和现实基础后．还要明确为人民服务的内容和要求，这是树立全心全意为人民服务思想的必要前提。在社会主义社会阶段，为人民服务的内容和要求主要包括：第一，关心人民、热爱人民，一切从人民的利益出发，时刻为人民谋利益，不断满足人民群众日益增长的物质和文化生活需要。第二，坚持群众观点，走群众路线，时刻关心群众疾苦，注意倾听群众意见，坚决维护人民群众的正当利益。第三＞为了人民的利益，不徇私情，一切向人民负责，坚持真理，纠正错误，同一切危害人民利益的行为做斗争，为了人民的利益，可以牺牲一切，乃至生命

总之，坚持为人民服务，就是要从自身做起，从本职工作做起，全心全意地为人民谋利益，这是思想道德修养的最高境界。

（二）集体主义是社会主义道德的基本原则

在社会主义道德体系中，集体主义原则是调节个人利益与整体利益关系，指导人们行为选择的基本原则和主导性原则，是社会主义经济、政治、文化建设的必然要求，也是发展和完善社会主义市场经济的客观要求。社会主义的集体主义原则的根本思想，就是正确处理好集体利益和个人利益的关系。

在社会主义条件下，集体主义的精神实质就是在充分认识集体利益和个人利益一致的基础上，自觉地把集体利益看得高于个人利益；努力发挥个人主动性，为集体做贡献，积极在集体中求得个人的自由、全面发展；在二者发生矛盾时，能够自觉做到个人利益服从集体利益。集体主义原则可以概括为相辅相成的三个方面。

1.强调集体利益高于个人利益

集体主义认为，社会与个人是互为条件的双方。社会成员的个人利益依赖于集体利益的维系和发展，集体的存在和发展是个人存在和发展的前提条件。在社会主义社会中，集体利益体现着全体人民的意愿和社会成员的共同利益。所以，当二者发生矛盾时，要求个人应当以大局为重，使个人利益服从集体利益，必要时应当牺牲个人利益保全集体利益。社会主义集体主义强调个人利益要服从集体利益，其实质既是为了维护集体的共同利益，也是为了维护个人的根本利益。

2.重视和保障个人的正当利益，促进集体和个人的不断完善

所谓个人正当利益，是指与社会整体利益在价值目标上保持一致，能够增进社会整体利益或至少不损害社会整体利益的合法个人利益。社会主义的集体主义道德原则不是要束缚、压制和抹杀个人利益，而是要更好地保障和满足正当、合法的个人利益，约束和限制不正当的个人利益。集体主义原则，为培养人的全面、健康的人格以及创新能力提供了道义保障3集体主义只有充分地保障个人价值、尊严、能力得到最大的实现，才会使集体更加强大，更富有生命力和凝聚力。

3.强调集体利益与个人利益的辩证统一

集体利益与个人利益是辩证统一的，既要强调集体利益与个人利益的一致性、统一性，又要强调这种利益关系的辩证性，并把集体利益作为这个统一整体赖以维系的基础。在社会主义社会中，国家利益、社会利益体现着个人根本的、长远的利益，是集体所有成员共同利益的统一，是社会及团体存在和发展的必要条件和根本保证，是民族振兴、国家兴旺、社会进步的价值目标导向。同时，每个人的正当利益又是集体利益不可分割的组成部分，集体利益的兴衰与个人利益的得失是密切相关的。在现实社会生活中，集体利益与个人利益是相辅相成的。集体利益的发展为个人正当利益的更好实现开辟了广阔的途径，使个人力量得以增强，个人才智得到充分发挥；而集体中每个人的个人利益的发展和加强，又发展了集体的利益，也增强了集体的凝聚力和生命力，从而促进了集体的发展壮大。

总之，坚持社会主义道德的集体主义基本原则，正确认识和处理好集体利益和个人利益的辩证关系，积极参与到集体中去锻炼和培养自己，是每个大学生走向成熟、成才的必要条件。每个大学生都应该在学习和实践中提高理性认识，强化实践操守，培养集体意识，促进自身健康成长。

三、树立社会主义荣辱观

在社会主义市场经济条件下，特别是处在当前中国社会转型的关键时期，坚持以"为人民服务"为核心，以集体主义为基本原则，进一步加强社会主义思想道德建设，就必须树立社会主义的荣辱观。这不仅是新时代道德建设的需要，也是建设社会主义精神文明，促进社会风气根本好转的需要，更是推动和谐文化建设，构建社会主义和谐社会的思想道德基础。

（一）社会主义荣辱观的科学内涵

荣辱观，是人们对荣誉和耻辱问题的根本看法和态度，是一定社会思想道德原则和规范的体现和表达，是人们世界观、人生观、价值观、道德观的重要内容。荣辱观具有时代性和阶段性，不同的时代、不同的阶段、不同的利益集团都有自己具体的荣辱观。荣辱观对人们的思想行为表现具有一定的推动、导向和调节作用。正确的荣辱观可以使人明辨是非、善恶、美丑，形成正确的自我评价，树立正确的行为导向，产生正确的价值激励，推动自身的全面健康发展和社会高度文明进步。

在社会主义社会中，树立正确的荣辱观是社会主义道德规范的本质要求。社会主义荣辱观通过对社会主义道德规范和人的思想道德品质的评价，明确地告诉人们什么是真善美、什么是假恶丑，应该以何为荣、以何为耻，从而起到引领社会风尚、提高民族道德素质，指导人们正确行动的重要作用。社会主义荣辱观包括八方面的内容，即"八荣八耻"。

以热爱祖国为荣，以危害祖国为耻，就是要树立热爱祖国的高尚情操，大力弘扬爱国主义精神，积极实践报国志向；以热爱祖国、建设祖国、保卫祖国、强大祖国为最高光荣，自觉抵制和坚决反对一切损害社会主义荣誉、尊严和利益的思想和行为。

以服务人民为荣，以背离人民为耻，就是要树立全心全意为人民服务的人生观，坚持集体利益高于个人利益的原则，努力做到心系人民、关爱他人、热心公益；通过各种方式为人民多办好事，为社会多做贡献，坚决抵制和反对各种违背和损害广大人民群众利益和愿望的思想和行为。

以崇尚科学为荣，以愚昧无知为耻，就是要热爱科学、尊重科学、宣传科学，努力学习各种科学文化知识，严格按科学规律办事；坚持科学发展观，实现社会可持续发展，坚决抵制和反对各种违背科学的思想和行为。

以辛勤劳动为荣，以好逸恶劳为耻，就是要热爱劳动，尊重劳动和劳动者、尊重知识、尊重人才、尊重创造，继承和发展中华民族勤劳敬业的精神和品质，坚决抵制和反对一切贪图安逸、厌恶劳动、不劳而获的思想和行为。

以团结互助为荣，以损人利己为耻，就是要大力倡导一切有利于民族团结统一、人民和睦幸福、社会文明进步的思想精神，学会互相关心、互相爱护、互相帮助、互相宽容，共同发展进步，坚决抵制和反对一切损害他人、破坏团结、危害社会安定的思想和行为。

以诚实守信为荣，以见利忘义为耻，就是要坚持忠诚老实、诚恳待人、取信于人、恪守诚信的行为准则，坚决抵制和反对唯利是图、弄虚作假、背信弃义，不讲信用等不良思想和行为。

以遵纪守法为荣，以违法乱纪为耻，就是要不断增强法律和纪律意识，自觉遵守国家的法律和社会的各种规章、规则，维护社会正常秩序，坚决抵制和反对无视法律权威、轻视纪律规章、违法犯法、破坏纪律的思想和行为。

以艰苦奋斗为荣，以骄奢淫逸为耻，就是要深刻认识中国特色社会主义现代化建设的长期性和艰巨性，始终保持谦虚谨慎、不骄不躁、廉洁奉公的作风，始终保持艰苦奋斗的作风，弘扬求真务实、自强不息的精神，坚决抵制和反对不思进取、得过且过、贪图享乐、奢侈浪费、贪污腐化等不良思想和行为。

以"八荣八耻"为主要内容的社会主义荣辱观，涵盖了个人、集体、国家三者之间的关系，涉及人生态度、人生价值、社会风尚等方方面面，体现了正确的爱国主义、集体主义、社会主义思想，体现了依法治国同以德治国相统一的治国方略。它是对马克思主义道德观的精辟概括，是对新时代社会主义道德的系统总结，是以人为本、全面协调可持续科学发展观的主要组成部分，是新形势下社会主义思想道德建设的重要指导方针。

（二）树立社会主义荣辱观的意义

胡锦涛提出的"八荣八耻"是对社会主义荣辱观的系统阐述。它概括精辟，内涵深刻，把与社会主义市场经济相适应、与社会主义法律相协调、与中华民族传统美德相承接的社会主义思想道德观有机地融合在一起，为人们在社会主义市场经济条件下判断行为得失与善恶，确定价值取向，做出道德选择，提供了基本准则和规范。树立社会主义荣辱观对当前推进社会主义精神文明建设,形成良好社会风尚,具有重要的现实意义和深远的历史意义。

1.树立社会主义荣辱观,是全面落实科学发展观的内在要求

发展以人为本,立德以人为先。科学发展观的核心是以人为本,而作为推动科学发展主体的人,应该是具有高尚精神境界和道德情操的人,是具有正确价值取向和行为规范的人。落实科学发展观,就必须树立社会主义荣辱观,把握和坚持社会主义道德建设的方向和目的;而树立社会主义荣辱观,通过提高人的思想道德素质,提升全民族的道德水平,又可以推动社会主义经济发展进入全面协调可持续的科学发展轨道。二者相互促进,相辅相成。

2.树立社会主义荣辱观,是社会主义道德的本质要求

社会主义荣辱观为构建社会主义和谐社会确立了一个共同的价值尺度和标准。一个社会能否实现全面和谐,一个国家能否实现长治久安,在很大程度上取决于社会共同遵守的道德规范。没有良好的社会道德规范,就很难形成全社会的共同理想和信念,也就无法实现全社会的和谐发展。树立社会主义荣辱观,就要以此作为全社会当前共同的价值尺度和标准,引导和帮助全体社会成员加强修养、自我约束、提升境界、宽容谅解、友善相处,自觉地协调好各种利益关系,化解各种社会矛盾,为构建社会主义和谐社会奠定良好的道德基础。

3.树立社会主义荣辱观,有助于社会主义社会良好社会风气的形成和巩固,也反映了广大人民群众对于树立良好社会风气的迫切要求

当前,我国正处于社会转型时期,各种文化的碰撞和冲突必然会对人们的思想观念、生活方式和价值取向产生深刻影响。虽然热爱祖国、积极进取、科学文明、团结友爱等仍是当代中国社会精神风貌的主流,但是社会中也确实存在着不明是非、不知荣辱、不辨善恶、不分美丑等与社会主义道德要求不相符、与社会文明不协调的错误思想和行为。其原因尽管是多方面的,但缺乏正确荣辱观的指导是很重要的原因。"八荣八耻"旗帜鲜明地指出了在当前社会条件下,应当提倡和赞成什么、抵制和反对什么,有利于激励人们加强思想道德修养,升华精神境界,进而形成学习先进、抵制邪恶的良好社会风尚。

4.树立社会主义荣辱观,不仅能够自觉弘扬中华民族传统美德,而且能够继承和发展我们党优秀革命传统和社会主义道德思想

以"八荣八耻"为主要内容的社会主义荣辱观,把中华民族的传统美德与中国共产党领导人民在长期奋斗中形成的革命道德传统紧密地结合起来,提炼和概括出八方面最基本的道德规范,体现了社会道德先进性、广泛性、适用性的统一,既具有深厚的传统文化的底蕴,又具有与时俱进的时代精神和特征。因此可以说,"八荣八耻"具有强大的整合力和引领力,是社会良好风尚形成的坚实的思想基础。

（三）努力践行社会主义荣辱观

社会主义荣辱观是社会主义核心价值体系的重要组成部分，对于青年大学生培养高尚的道德品质和健康成长、成才，具有重要的规范、激励和指导作用。

践行社会主义荣辱观，能够增强个人做出正确道德选择的能力，使个人自觉地进行自我反省、自我批判、自我激励，努力提升个人道德境界。德高望重，德薄人轻，一个人只有知荣辱、辨善恶，并在实践活动中不断加强自身修养，才能真正提高自我的道德判断能力，促进良好品质的形成和完善。

践行社会主义荣辱观，能够使社会成员自觉内化社会主义道德要求，强化道德自律意识，坚定道德意志、信念和理想，不断积极改造自己，努力做到明荣知耻、扬荣弃耻、提升人格、陶冶情操、转化风气，推动和维系社会和谐的人际关系和道德风尚的形成和巩固。要通过全方位践行社会主义荣辱观，使全社会形成知荣辱、讲正气、促和谐的健康生活方式和文明社会风尚。

践行社会主义荣辱观，对大学生全面发展、健康成长、努力成才具有积极推动作用。青年大学生在生活、学习和社会实践中，应按照"八荣八耻"的基本要求严格规范自己的行为，并时刻注意检查自己的言谈举止，努力做到自珍自爱、自省自警、知荣求善、知耻改过；通过反复实践和加强修养，使社会主义荣辱观转化为自身的内在道德品质和行为习惯，成为个人生存发展的内在需要和为人处世的基本准则，保证自己沿着社会要求的正确方向全面健康地发展，实现有意义的人生价值。

树立和践行社会主义荣辱观不仅是一项社会系统工程，需要广泛的宣传教育和社会各方面的共同努力；同时也是一项每个人自我修养的系统工程，需要每个社会成员都必须积极行动起来，按照"八荣八耻"的要求，坚持自我修养，从自己做起，从点滴做起，从现在做起。只有这样，一个更加风清气正的和谐社会才能很快到来。

第四节　恪守公民基本道德规范

一、我国公民基本道德规范

（一）爱国守法

"爱国"是对我国公民最基本的道德要求。它是人的一种最真挚、最纯洁、最高尚、最神圣的情感。它本身所产生的精神力量是巨大的、坚不可摧的。爱国是当代大学生成才应该首先具备的基本道德品质。"守法"是对公民的基本道德要求，在于强调每个公民不仅要自觉地遵守法律，而且要积极学法、懂法和按法办事。这是现代文明对人的最基本的素质要求。当代大学生应积极主动地学法、懂法、用法、护法，学会依法保护自己的合法权益，尊重他人的合法权益，自觉同违法犯罪行为做斗争。

（二）明礼诚信

"明礼"是中华民族传统美德的重要内容，它通常是指一个人在语言、动作等行为活动中表现出来的谦虚和恭敬。它不仅是一个人思想品质良好的反映，也是一个民族进步文明的重要标志。"明礼"的基本内涵是要求人们在社会交往过程中仪表整洁、举止端庄、言语可亲、行为适宜、彬彬有礼、不卑不充，使自己始终处于良好的人际关系之中。"诚信"作为公民的基本道德规范，既是对传统美德的继承和弘扬，又是社会主义市场经济建设的客观要求。在公民基本道德规范中，诚实守信是公民个人的立身之本，是全社会公民道德建设的重中之重。"诚信"的基本内涵是要求在社会生活的各个领域都应做到诚实待人、诚信做事、诚恳交往，说老实话、办老实事、做老实人，忠诚老实、言行一致。

（三）团结友善

"团结"是指人们为了实现共同理想、完成共同任务，集中全体的力量而进行的努力，具体表现为相互协作和支持^"团结"是人与人类社会产生和发展的基本条件。"团结"这一规范体现了我们国家一直坚持强调的集体主义原则。每个人在现实社会中都不是孤立的，必须面对各种复杂的关系，遵循一定的行为准则。只有在共同的事业中同心同德、互相支持、携手并肩、共同奋斗，才能更好地实现社会共同的理想和个人的生活目标。"友善"也是中华民族的传统美德。讲究友善，就是强调人与人之间的互相关心、互相帮助、互相爱护、互相谦让的和谐友好关系。"友善"所体现的是社会主义人道主义精神，倡导全社会的每个成员都要有爱心，特别是对社会弱势群体，更要关心同情、热情相助。

（四）勤俭自强

勤劳节俭是中华民族的优秀传统美德。"勤俭"的基本内涵是热爱劳动，尊重劳动价值，以自食其力为荣，以不劳而获为耻；崇尚朴素节俭的生活方式，倡导艰苦奋斗，反对挥霍浪费；坚持科学发展观，合理有效地利用资源，实现可持续发展。自强不息不仅是中华民族的传统美德，更是中国共产党人的光荣革命传统。"自强"的基本内容是自尊、自信、自勉、自立，强调生命不息、奋斗不止、积极进取的拼搏精神。自强是自尊心、自信心的突出表现。国家自强，才能昌盛；民族自强，才能兴旺；企业自强，才能成功；个人自强，才能成才。勤俭自强是个人、民族、国家生存和发展的必要品格和途径，更是我们有信心摆脱贫困、走向富强的真正优势和可靠保证。

（五）敬业奉献

"敬业"是任何职业的从业人员做好本职工作的最基本的条件，表现为一种对事业和工作的执着追求精神。它的基本内容是热爱本职工作、忠于职守、精益求精、脚踏实地、努力钻研、勇于创新，通过职业劳动对社会尽职尽责，做出贡献。同时，它还强调职业只有分工不同，没有高低贵贱之分，对职业的敬重是自觉履行职业道德的前提条件。"奉献"

是一种较高的道德规范,体现着一种崇高的道德觉悟和精神境界。它的基本内容是克己奉公、服务社会、助人为乐、造福于人,倡导对他人和社会的无私奉献精神。同时,也强调每个公民应首先立足自己的社会角色和职业分工,尽己所能,做到"岗位奉献"。敬业奉献是社会主义职业道德的核心,它反映了一个民族操守和职业生活规范的程度和水平。在今天,敬业奉献精神表现为一种尊重职业、精通职业、献身职业的职业精神。这种精神是一个职业劳动者成长、进步的动力,更是做出职业贡献和成绩的必要条件。

二、大学生与诚信道德

诚信就是诚实守信,能够履行承诺而取得他人信任。诚信是道德建设的根本,也是一种非常宝贵的资源。"人无诚信不能立",诚信是一切道德赖以维系的前提。失信于人,什么工作也开展不起来。故孔子有言:"人而无信,不知其可也。"

诚信作为一项重要的道德规范,在社会生活的诸多领域发挥着重要作用。第一,诚信是做人的基本准则。第二,诚信是基本的交友之道。诚信是人与人之间正常交往的基本原则。如果缺少了诚信,人与人之间的正常联系和交往是不可想象的。第三,诚信是经济活动和商业经营中的基本行为规范。第四,诚信是保证社会稳定发展的为政之道。

诚信是大学生全面发展的前提。大学生只有以诚实守信为重点,加强思想道德修养,讲诚信、讲道德,言必行、行必果,诚心做事、诚实做人,言行一致、表里如一;自觉端正态度,坚守道德规范,才能不断提高思想道德素质、科学文化素质和健康素质,实现全面发展。

诚信道德是大学生进入社会的"通行证"。大学生只有树立诚信为本、操守为重的信用意识和道德观念,才能得到社会的认可,成为高素质人才,承担起社会责任和历史使命。上海市针对求职者在求职过程中的诚信问题,要通过诚信调查建立人才诚信档案:如果求职者不讲诚信,以后很有可能找不到工作。在一些发达国家中,每一个成年人都有信用记录。

党和国家在有关文献中对大学生遵守道德诚信行为制定了有关规定。《中华人民共和国宪法》第五十三条规定:中华人民共和国公民必须遵守宪法和法律,保守国家秘密,爱护公共财产,遵守劳动纪律,遵守公共秩序。《中华人民共和国高等教育法》中对大学生遵守道德诚信行为作了规定。如第六章第五十三条规定:高等学校的学生应当遵守法律、法规,遵守学生行为规范和学校的各项管理制度,尊敬师长,刻苦学习,增强体质,树立爱国主义、集体主义和社会主义思想,努力学习马克思列宁主义、毛泽东思想、邓小平理论,具有良好的思想品德,掌握较高的科学文化知识和专业技能。《高等学校学生行为准则(试行)》规定:大学生要维护教学秩序。遵守学习纪律,考试不作弊。要维护公共秩序。遵守公共场所的有关规定,不扰乱秩序,不起哄;遵守学校校园管理制度,不打架斗殴,不赌博,不酗酒,不观看、传播反动、淫秽书刊和声像制品;不在禁烟区吸烟。要遵守宿舍管理规定。按时熄灯就寝,不喧哗、打闹,不影响他人的正常学习和休息;不损毁和私自拆装宿舍设备；不留宿异性；未经有关部门同意，不留宿校外人员。要爱护公共财物。保护公共设施，爱护花草树木；珍惜教学、科研设备；损坏公物要赔偿。在《普通高等学校学生管理规定》中对大学生遵守道德诚信行为作了规定。如该文件第一章第四条规定，高等学校的学生应当遵守宪法、法律、法规，遵守公民道德规范，遵守《高等学校学生行为准则》，遵守学校管理制度，具有良好的道德质量和行为习惯。第四章第四十二条规定，学生应当自觉遵守公民道德规范，自觉遵守学校管理制度，创造和维护文明、整洁、优美、安全的学习和生活环境。学生不得有酗酒、打架斗殴、赌博、吸毒，传播、复制、贩卖非法书刊和音像制品等违反治安管理规定的行为；不得参与非法传销和进行邪教、封建迷信活动；不得从事或者参与有损大学生形象、有损社会公德的活动。第四十五条规定，学生进行课外活动不得影响学校正常的教育教学秩序和生活秩序。第四十八条规定，学生使用计算机网络，应当遵循国家和学校关于网络使用的有关规定，不得登录非法网站、传播有害信息。所有这些都是对大学生遵守道德诚信行为的规定。这样，大学生就有了制度的约束，就会注意自己的行为，有利于大学生遵守道德诚信。

大学生的诚信意识、诚信行为、诚信品质，关系到良好社会风尚的形成，关系到社会主义和谐社会的构建，在一定意义上关系到中华民族的未来。

三、提高道德修养的自觉性

（一）修养和道德修养

"修养"是一个含义广泛的概念。所谓"修"，是整治、锻炼、提高的意思；所谓"养"，是指培育、涵养的意思。修养主要包含三层含义：一是指人们在政治、思想、道德品质和知识技能等方面经过长期锻炼和培养所达到的一定水平；二是指逐步养成的，有涵养的待人处事的正确态度；三是指为了达到上述两方面的目的所进行的自我锻炼、自我改造、自我陶冶、自我教育的过程，即自觉地进行思想转化和行为控制的过程。简言之，修养就是指人们在政治、道德、常识、技艺等方面，自觉进行学习、磨炼和陶冶的功夫，以及经过长久努力所达到的某种能力和素质。

道德修养是指个体在道德意识、道德行为方面，自觉地按照一定社会或阶级的道德要求所进行的自我审度、自我教育、自我锻炼、自我改造和自我完善的活动。一个人的道德品质直接关系到其自身的整体素质、发展方向和发展道路。追求完美健康的道德人格是每个大学生的普遍愿望，当代大学生只有把道德修养及道德责任放在首位，才能在人生的道路上不迷失方向，才能塑造出完美的人格。

（二）道德修养的内容

道德修养的内容十分丰富，它包括了修养的各个方面，综合地体现了修养的全部结果。随着人类社会的发展和进步，道德修养的内容也将随之丰富和发展。一般来讲，道德修养主要包括道德意识的修养、道德情感的修养、道德理想的修养等内容。

1. 获得道德知识，形成道德意识，是培养良好品德的重要条件

所谓道德意识，就是指人们在道德活动中形成的各种道德的思想、观念、情感、意志、信念和理论体系。它是一种很复杂的社会意识，是由人的社会经济关系决定的。而道德意识的修养，则是指通过社会生活中的道德评价和道德理论的学习以及道德观念的批判来获得道德知识，从而形成正确的道德意识和道德观念，成为一个有道德的人。加强道德意识的修养，是培养良好品德的重要条件。

道德意识的修养，最根本的就是要求人们在获得了人类社会所存在的道德标准和准则等相关道德知识后，形成正确的善恶观念，从而使人们在认识上能区别善良与邪恶，在感情上能爱善憎恶，在行动上能趋善避恶、择善而行。

然而，正确的道德意识不是自发形成的，而是在社会实践过程中，将学到的正确的道德理论与自身的思想实际相联系，自觉进行道德修养的结果。一个人如果没有系统地学习进步的道德理论，没有认真地进行过道德修养，那么即使是能够在社会生活中获得一些关于道德的常识，也不能够形成坚定正确的道德信念，而且每个人的意识都会不同程度地受到各种社会舆论的影响。因此，一个人只有通过系统地学习和掌握正确的道德理论和道德知识，才能够不断提高在复杂情况下识别真伪、善恶的能力和水平，并深刻地认识到道德的本质和作用，认清个人在社会中的地位和责任，认清人生的目的和价值，从而使自身的道德意识上升到理论的高度，逐步形成坚定正确的道德信念和良好的道德品质。

2. 培养高尚而强烈的道德情感，对形成良好的道德品质具有积极的推动作用

所谓道德情感，是指在一定的道德认识基础上形成的内心体验和主观态度，它以好恶、喜怒、爱憎等情绪表现出来。列宁说过："没有人的情感，就从来没有也不可能有人对于真理的追求。"情感是行为的动力机制，它一旦形成，便会对人的行为起积极的作用。在道德品质形成中，道德情感具有评价、调节和信号三种作用。道德情感形成以后，就会积极地影响和调节人们的道德行为，使个人的某种行为加速或延缓、中断或持续；而且，还可以同道德认识相结合，增强或减弱人们履行某种道德义务的道德意志。

道德情感是人们坚持选择道德行为的直接动因，培养高尚而强烈的道德情感对于和谐人与人之间的关系，创造良好的道德气氛，尤其是对于坚持道德原则，坚定道德信念，逐步形成优秀的道德品质和精神境界，具有重要作用和意义。

人的道德情感不是凭空产生的，而是在同自然界、同社会和他人的直接交往中产生的。道德情感是社会实践的产物，是由社会经济关系决定的。只有积极投身到广阔的社会实践活动之中，才能不断提高人的道德情感的修养。道德情感的修养，包括正义感、义务感、良心感、荣誉感和幸福感等多方面的内容。

正义感是以平等、公正为前提的，它要求人们用公正的态度去对待一切，并能够正确地处理好各种社会关系。在不同的社会中，人们的正义感是不同的。在当前的社会主义

条件下,自觉维护社会主义制度、社会整体利益和人民群众的合法权益就是正义的集中表现。正义感是在同不公正的社会现象的斗争中逐步培养起来的,富有正义感是具有正直的高尚品性的表现。

义务感是很重要的道德情感,它是指人们在对他人或社会履行自己的道德责任过程中所产生的内心体验和情感。义务感是道德行为的出发点,是激励人们行动起来自觉去履行应尽的道德责任的内在动力。一个具有强烈道德义务感和责任心的人,会不以享受任何权利为前提,而自愿履行对他人和社会的义务。当前,培养全社会成员,特别是青年人对祖国、对人民、对社会的强烈义务感和使命感,是实现中华民族伟大复兴的需要。因此,我们每个人都应当通过道德修养,培养和增强自身的义务感和高度责任感,从而自觉地履行自己的义务。

良心感是一种道德责任感。与义务感不同,良心感是人们在履行对他人和社会的道德义务时,对其所负有的道德责任的内心道德感和行为的自我评价能力,是人对道德责任的自觉意识。良心是隐藏在人们内心深处的一种意识,是人们正确行为的捍卫者。人们要做什么不做什么,赞成什么反对什么,不仅要受到外部条件的限制,还要受到自己良心的制约和影响。同时,良心还能对人们的行为起到监督的作用。良心作为一种人的内在的力量,能够牢牢地抓住人的心灵,也能不断净化人的心灵。因此,每个大学生都应该加强道德情感的修养,自觉地培养高尚而纯洁的心灵,让世界充满爱。

荣誉感是道德情感的重要内容。荣誉感是指人们通过履行义务,对社会或他人做出贡献后而得到社会的褒奖和赞许。当人们从自己所获得的荣誉当中,明确意识到了自身的价值,并感到由衷的愉快和精神上的满足,这就是荣誉感、自我尊严感与自豪感。荣誉同义务是密切联系的,荣誉是个人出色地完成了对社会的义务而得到的肯定结果,也是促进自己为社会、为他人尽更大义务的动力。同时还应指出的是,我们应该正确处理好个人荣誉、集体荣誉、民族荣誉和国家荣誉之间的关系。个人荣誉的获得离不开集体的支持和帮助,集体的、民族的、国家的荣誉高于个人荣誉。我们要通过道德修养使自己具有中华民族的自豪感和荣誉感,克服个人主义的虚荣心,努力为维护和争取国家和民族尊严与荣誉而不懈地努力奋斗。

幸福感也是一种道德情感。它一般是指人们在创造物质生活条件和精神生活条件的实践中,由于感受和理解到了目标与理想的实现而得到的精神满足。它具有多方面和多层次的特点。谋求幸福是人的本性,是人的道德目的和归宿,是道德活动的直接推动力。因此,我们必须树立正确的幸福观,正确地把握和处理好个人幸福与集体幸福的统一、物质幸福和精神幸福的统一、创造和享受的统一。作为高校大学生,只有刻苦努力地学习各种先进的科学文化知识,不断提高创新能力,积极地参加祖国的现代化建设,使自己的才能和智慧得到充分的发挥并为社会所肯定,才是真正的幸福。

3.树立崇高的道德理想,是促使道德品质形成的内在动力

所谓道德理想,就是指人们在社会生活中所向往、追求的完善的社会道德关系和道

德风尚，以及完善的人格。社会中的每个成员都有某种道德理想，并且不同的人有着不同的道德理想。崇高的道德理想对社会道德的进步、历史的发展起着重大推动作用，对人们履行应尽的社会义务起促进和激励作用。崇高道德理想是人们高尚道德品质形成和事业成功的巨大力量源泉和坚强的精神支柱。爱因斯坦说："不管时代的潮流和风尚怎样，人们总可以凭借自己的高尚品质超脱时代和社会，走自己正确的道路。"然而，崇高理想的树立不是一朝一夕就可以完成的，它需要长期不懈的努力，这个过程就是自我修养的过程。当代大学生正处在中国社会现代化转型的关键时期和世界全球化发展的背景下，只有胸怀祖国、放眼世界，树立崇高的道德理想和信念，形成优秀的道德品质和高尚的人格，才能够置身复杂环境而立于不败之地，并获得更好的发展，为祖国、民族和世界贡献力量。

此外，当代大学生在坚持道德修养的过程中，除了要加强上述内容的修养外，还必须注意加强马克思主义基本理论修养和科学文化知识及能力的修养。在当前，马列主义、毛泽东思想、邓小平理论、"三个代表"重要思想和科学发展观战略思想，是我们处理一切问题的根本立场、观点和方法，它决定着中国特色社会主义现代化和生活的发展方向，也是青年大学生坚持正确方向、提高自我理论修养和道德修养的理论基础和指导思想而各门科学文化知识和专业知识的学习，对于提高一个人的道德修养能力也是非常重要的。科学文化知识是道德修养的基础，道德修养则是学习文化知识的思想保证。

总之，道德作为一种特殊的社会意识形态，渗透在社会生活和社会实践的各个领域，这也构成了道德修养内容的广泛性和丰富性。所以，只有广泛学习、勤奋思考、积极实践、坚持修养，使自身的道德品质和道德修养达到一定的高度，才能真正成为一个道德高尚、有益社会的人。

三、高度的自觉性是道德修养的内在要求和重要特征

道德修养的实质，就是人们通过自身的积极努力和实践，不断提高自己的道德评价和道德选择的能力，不断自觉抵制、克服和摒弃自身的一切不良因素和影响，逐步形成高尚的道德情感，从而使自身的道德品质和精神境界达到更新更高的层面，使人们基本做到"择其善者而从之，其不善者而改之。"

道德修养的实质决定了道德修养的特点。道德修养具有长期性。道德作为一种社会意识形态，它本身是由社会经济关系决定的，并随着经济关系的改变而变化。也就是说，没有永恒不变的道德。道德是发展的，是不断进步的。因此，人们的道德品质也必将随着社会道德的发展而不断发展进步，并且需要一个长期过程。可见，优秀的道德品质是在长期的生活实践中，不断接受各种形式的道德教育和影响，在自觉进行道德修养的过程中产生的。道德修养的长期性，用比较通俗的话讲，就是活到老、学到老、修养到老。孔子"七十随心所欲不逾矩"，也正说明了道德修养的长期性和艰苦性的特点。作为当代大学生，加强道德修养必须持之以恒 ^ 道德修养具有曲折性。道德发展是一个曲折迂回

的螺旋式的上升过程，是变革和继承、否定和肯定的对立统一过程，其发展的路线和方向是从朴素的全民道德到阶级道德，再到更高一级的全民道德。其间，新旧道德观念和道德意识的斗争是长期的、曲折的，而人的道德意识修养是培养良好道德品质的重要条件，是道德修养的重要内容。所以，我们必须充分地认识道德修养的曲折性。俗语说："学好千日不足，学坏一日有余。"这恰恰说明了道德修养的曲折性和艰巨性。

最重要的是，道德修养是人们自我认识、自我教育、自我改造、自我提高的过程。在这个过程中，必要的外部条件和影响是不可缺少的，但最终取决于个人是否具有高度的自觉性。因而，它是以自觉性为前提的。正确的道德行为必须建立在自觉性的基础上，没有自觉性也就没有道德修养，也就没有人们优秀道德品质的形成和发展。正是因为有了自觉性，人们才能充分发挥主观能动作用，才会在道德修养过程中自觉主动地接受道德教育和社会道德风尚的影响，才能使社会正确的道德原则和规范内化为个人的道德信念，进而成为具有相应高尚道德修养的人。

提高自觉性是当前大学生加强道德修养的先决条件。大学生要努力按以下要求来提高道德修养的自觉性：首先，应有进行道德修养的强烈动机，这样才能满腔热情地、自觉自愿地去学习，去思考，去体验，从而提升道德修养的境界；其次，应积极主动地进行自我教育、自我启发、自我激励，坚忍不拔、脚踏实地、持之以恒地进行道德修养；最后，应正确认识和评价自己，自我扬弃，发扬成绩，克服不足。

 遵守社会公德

社会生活基本上可以分为公共生活、职业生活和婚姻家庭生活三大领域。公共生活是人类生活的重要方面，维护一定的秩序是提高公共生活质量的重要条件。自古以来，人类维护公共生活秩序的手段多种多样，其中道德和法律是基本的手段。大学生应充分认识公共生活和公共秩序的基本特点和要求，自觉加强道德修养，遵守社会公德，养成良好的文明行为习惯；自觉增强法律意识，遵守法律法规，做维护社会公共秩序的模范。

第一节 公共生活与公共秩序

一、公共生活及其特点

公共生活是相对于私人生活而言的，私人生活具有一定的隐秘性和封闭性；而在公共生活中，一个人的行为必定与他人相联系，具有开放性和透明性，对他人和社会的影响更为直接和广泛。

人类社会的公共生活是伴随人类的实践活动不断形成和发展起来的，并在不同的社会类型中具有自己不同的特点。在原始社会，生产力水平极低，人们为了生存，只能以血缘为基础组成部落过着群体生活，个人与群体天然一体，人与人之间的关系极为简单。在群体生活中，私人生活与公共生活在相当长的时期内是同一的。到原始社会末期，有了剩余产品，各部落之间开始交往，社会公共生活开始萌芽。私有制和阶级的产生，打破了原始社会人们的交往基本以血缘为纽带的状况，社会交往得到一定程度的扩大，公共生活领域得到了较大的扩展。但在自给自足的农业社会中，小农经济的狭隘性也使得社会交往受到很大的限制。随着社会生产力水平的不断提高，在资本主义社会，人们之间的交往由偶然阶段进入到普遍阶段，公共生活领域得到了极大的扩展。

当今世界，经济全球化极大促进了人们之间的交往，公共生活领域更为广阔，公共生活的重要性更加明显。20世纪末以来，信息技术、因特网的迅猛发展正在把地球变成一个"村落"，人类公共生活进入了一个崭新的阶段。主要表现在以下几个方面：一是活动范围更加广泛。经济社会的发展，使公共生活的场所和领域不断扩展，而且伴随网络的进入，人们的公共生活进一步扩展到虚拟世界。二是活动内容的公开性。当今世界，公共生活成为最普遍、最基本的公众性生活，为所有社会成员所有，涉及内容也没有秘密可言。所以，每个社会成员都得为自己的行为负责。三是交往对象的复杂性。生产力水平的不断提高，使人们的交往从"熟人"圈子进入到"陌生人"圈子。公共领域的扩大，使人

们的交往不局限于熟识的人，这也增加了人际对象的复杂性。四是活动方式的多样性。社会经济的丰富和发展，使人们的生活方式发生了新的变化，也极大地丰富了人们的公共生活方式和内容。不同年龄、兴趣、职业、经济条件的人可以选择不同的参与公共生活的具体方式。

二、公共生活需要公共秩序

秩序之于社会，就像规矩之于方圆；没有规矩不成方圆，没有秩序社会便无法正常运行。任何一个社会都有它的公共生活规范和要求。公共生活需要公共秩序来维护。现代社会公共秩序是由一定规则维系的人们公共生活的一种有序化状态，主要包括工作秩序、教学秩序、营业秩序、交通秩序、娱乐秩序、网络秩序等。维护公共秩序对经济社会健康发展有着重要意义。

（一）良好的公共秩序是构建和谐社会的重要条件

胡锦涛说，我们所要建设的社会主义和谐社会，应该是民主法治、公平正义、诚信友爱、充满活力、安定有序、人与自然和谐相处的社会。安定有序是社会主义和谐社会的重要特征，也是构建社会主义和谐社会的必要条件。一个社会安定有序，本身就是不同利益群体各显其能、各得其所而又和谐相处的表现。

当代社会的公共生活不但显示出了前所未有的广泛性和普遍性，而且对社会生产和生活的影响也是前所未有的。如果人们在社会公共生活中随心所欲，各行其是，整个社会就会处于无序的混乱状态，人民群众就不可能安居乐业，社会和谐也就无从谈起。因此，有序的公共生活是构建和谐社会的重要条件。

（二）良好的公共秩序是经济社会健康发展的必要前提

随着公共生活领域的扩大，个人活动对社会造成的影响也越来越大。社会成员无论职业、地位、身份如何，只要进入公共生活场所，就应当自觉遵守公共生活规则。在市场经济发展壮大的今天，利益的驱动使得一些社会成员从事了违背道德甚至违背法律的事，由此产生的信用危机不仅对人类自身造成很大伤害，同时也大大阻碍了经济社会的健康发展。因此，维护良好的公共秩序是经济社会健康发展的必要前提。

（三）良好的公共秩序是提高社会成员生活质量的基本保证

党的十七大提出，要加快推进以改善民生为重点的社会建设，并明确要求：必须在经济发展的基础上，更加注重社会建设，着力保障和改善民生，推进社会体制改革，扩大公共服务，完善社会管理，促进社会公平正义，努力使全体人民学有所教、劳有所得、病有所医、老有所养、住有所居，推动和谐社会建设。在经济发展使人们的温饱问题基本解决后，追求更高的生活质量是全体社会成员的共同要求，人们需要更加良好的社会风气和更加舒适的社会生活环境，这些都需要以不断维护良好的公共秩序作为保障。

（四）良好的公共秩序是国家现代化和文明程度的重要标志

改革开放以来，人们在公共生活领域的文明程度和秩序意识有了很大的提高，这是社会文明发展的重要表现。但是也应当看到，在公共生活中还存在一些公德缺失的不文明现象：不爱护公物、随地吐痰、排队加塞、闯红灯、在公共场所大声喧哗等，这些现象如果得不到及时有效的纠正，必然会损害社会公共生活秩序，进而影响整个社会的文明进步。有序的公共生活已经成为一个国家和地区现代化和文明程度的重要尺度。

三、维护公共秩序的基本手段

人类维护公共生活秩序的手段最初是自发形成的，随着经济社会的不断进步，公共秩序日益重要和复杂，人类便愈加自觉地采用各种手段去维护公共生活秩序。在原始社会，原始人主要以图腾崇拜、禁忌、风俗等形式作为共同生活中必须遵守的规则。进入阶级社会以后，维护公共秩序的基本手段有了进一步发展。

（一）道德手段

一些在长期公共生活中形成的、得到社会成员广泛认可的规范以民间风俗、礼仪和宗教教规、戒律等形式继续发挥着作用。

（二）法律手段

一些公共生活中的基本秩序及其规范以成文法的形式出现，以强制的方式对人们在公共生活中的行为做出限制和规定，以维护社会的正常运行。

公共生活中的道德和法律所追求的目标是一致的，都是通过规范人们的行为来维护公共生活的秩序，实现社会稳定和经济发展。虽然道德和法律发挥作用的方式不同，但是二者互为补充，相辅相成。道德规范作用的更好发挥，需要法律支撑；法律作用的更好实现，则需要道德建设为重要条件，如预防犯罪，调整法律效力所不及的问题，提高人们的素质等。良好社会秩序的形成、巩固和发展，既要靠道德，也要靠法律。

总之，必须综合运用风俗、道德、纪律、法律等手段规范人们的行为，培养良好的行为习惯，约束和制止不文明行为，维护社会公共秩序，形成扶正祛邪、扬善惩恶、知荣明耻的良好社会风气。

第二节　公共生活中的道德规范

一、社会公德及其特点

社会公德是指一定社会的人们为维护社会正常生活所共同遵守的最基本的道德规范。之所以称为公德，是因为它是全体公民都要共同遵守的道德规范和准则，它的作用是保证每个公民正常生活、学习和工作，保证社会生活的正常运行。社会公德是公民道德建设的基础，是社会公共生活中的道德准则，是每个公民在公共交往中都必须遵守的道德规范。社会公德是社会全体成员共同利益的反映，是一个社会文明进步程度的表征，是我国社会主义公民道德建设的重要组成部分。我们要加强社会公德建设，就要认识清楚社会公德的特点。

（一）社会公德具有广泛性

社会公德的广泛性是指全社会的所有成员，无论其民族、党派、年龄、职业和阶级属性如何，只要是在公共场所，只要是在公共生活中与他人发生交往，就要受到社会公德的制约。比如，当你进入公园游览时，你的身份就是游客，你就必须遵守公园的公共秩序，保持环境卫生；当你进入影剧院时，你的身份就是观众，你就应该按照影剧院的规定，不大声喧哗，不乱丢果壳，当一名文明观众；当你进入图书馆、阅览室时，你的身份就是读者，你就应当爱惜图书报刊，保持安静的环境；等等。不论你的职位高低、年龄大小、职业背景如何，在这些公共场所人人都是平等的，都必须共同遵守这些公共生活准则。正是由于社会公德反映了全社会成员的共同利益，因而它具有十分广泛的群众基础，容易为全社会成员所遵循。

当然，这种广泛性的特征也不排除不同民族、不同国家的差异性。比如，在某些西方国家中，男性见到女性常吻其手或面颊，被认为是文明之举，而这种现象如果出现在亚洲一些国家，则可能被认为是不道德的轻浮行为。另外，我国的一些少数民族，由于风俗习惯的不同，也反映出在社会公共生活中的一些差异性。当然这种差异性是由各个民族的文化差别所带来的，不影响社会公共生活的大局。我们应当在共同遵守社会公共生活准则的前提下，尊重各民族文化上的这种差异性。

（二）社会公德具有继承性

社会公德是人类在十分漫长的历史发展中不断积累、逐步形成的公共生活道德准则，是人们世代相沿、共同遵守的道德规范，具有相对的稳定性。比如，"切勿偷盗"的道德戒律，尽管不同的阶级对其有不同的理解，但在偷盗行为尚未被消除的社会里，人们数千年来都将它作为社会公德中的一条重要规则，长期保留下来。再如，社会公德的某些规范在不同社会、不同时代都是沿袭使用的，任何社会都要求以礼待人，以诚待人，都要求尊老爱幼，提倡互相谦让，等等。这些社会公共生活准则并不因历史的变迁而消失，相反，它已成为人类社会文明的一种特殊的继承和积累。社会公德的相对稳定性就是寓于这种特殊的继承和积累之中，成为"多少世纪以来人们就知道的、千百年来一切行为守则上反复谈到的、起码的公共生活规则"。

（三）社会公德具有简明性

由于社会公德是公民道德建设的基础层次，因而其内容和要求都是简单明了、易于实行的。比如，在公共场所要遵守公共秩序，不随地吐痰，不乱丢垃圾，不攀折花草树木，不损坏名胜古迹,不打架斗殴,等等。这些规定都没有什么深奥的大道理,也不需要做详细的论证和说明,要求很明确,很具体,只要是一个具有起码道德观念的人,一般都能够做到。如果你违反了这些公共生活准则,其他的人也容易发觉,容易明辨是非进行监督。因此,进行社会公德建设的关键不在于道理,而在于实践,要在反复实践中养成习惯,提高自觉性。

(四)社会公德具有基础性

社会公德是社会道德体系的基础层次,在每一个社会都被看作最起码的道德准则,是为维护社会公共生活的正常进行而提出的最基本的道德要求。遵守社会公德,是对社会生活中每个人的最低层次的道德要求,在此基础之上还有许多更高的道德标准和道德要求。

二、社会公德的基本内涵

《公民道德建设实施纲要》指出:"社会公德是全体公民在社会交往和公共生活中应该遵循的行为准则,涵盖了人与人、人与社会、人与自然之间的关系。在现代社会,公共生活领域不断扩大,人们相互交往日益频繁,社会公德在维护公众利益、公共秩序,保持社会稳定方面的作用更加突出,成为公民个人道德修养和社会文明程度的重要表现。要大力倡导以文明礼貌、助人为乐、爱护公物、保护环境、遵纪守法为主要内容的社会公德,鼓励人们在社会上做一个好公民。"这一论述全面概括了社会公德建设的重要意义以及我国社会公德的主要内容。

社会公德是指在社会交往和公共生活中公民应该遵守的道德准则。社会公德是社会全体公民为维护社会正常生活秩序和人际关系而必须共同遵守的最简单、最起码的社会公共生活准则。它是调节人们在社会公共生活中的相互关系,维护公共生活秩序和社会共同利益,为社会普遍公认的最基本的行为准则。

社会公德是全体公民共同遵守的道德,属于社会主义道德教育和建设中的基础层次,是最基本的道德规范。在我国,社会公德与社会主义道德理想、价值取向是紧密相连的,即社会公德既表现于个体行为的选择,又是个体较高层次道德观念的表现形式。人们只有自觉地以社会公德规范约束自己的言行,才有可能实践社会主义道德,进而达到共产主义道德的崇高境界。

利益是道德的基础。社会公德作为调节社会公共生活中所发生的人与人、人与社会、人与企业、人与自然之间的关系的最基本的行为准则总和,其出发点和归宿是维护社会公共利益。维护社会公共利益是全社会成员的需要,社会公德正是为了维护人类社会的共同生存和发展,为了维护人类社会的公共利益,调整社会和企业成员之间的关系,调整人们共同生活的内容而逐渐形成的。

社会公德作为维护社会的公共利益的道德规范,其本质是重视他人的存在,重视个人与社会、个人与企业、个人与自然的关系,以此协调人际关系,协调生态关系,维护社会公共生活的相对稳定。社会公德教育和建设的目的是保障人们日常生活和交往的正常进行,并且使人们在相互交往中自觉养成尊重他人、关心社会、关心企业、保护环境的习惯,防止破坏和威胁社会公共生活的各种不良行为,从而确保良好的社会秩序、工作秩序、生态环境秩序。

三、社会公德建设的主要内容

社会公德建设要适应社会生活的需要,它具有丰富的内容。根据《中共中央关于加强社会主义精神文明建设若干重要问题的决议》的论述和《公民道德建设实施纲要》的规定,社会公德建设的内容主要有以下几方面。

(一)文明礼貌

中华民族以礼仪之邦著称,几千年来,尽管社会形态更迭变换,但讲究文明礼貌的传统一直延续至今。文明礼貌是人的道德修养的反映。一个没有道德的人,是不可能养成文明礼貌行为的。文明礼貌也与文化素质有关。一般说来,文化素质较高的人,容易懂得文明礼貌,正所谓"知书达理";而有些文化素质较低的人,往往仪表不整,举止随便,不太注重自身文明、礼貌待人。

文明礼貌作为社会公德的一个重要规范,主要包括仪表整洁、举止端庄、语言文明、待人有礼、平等交往、相互尊重等。它要求每个公民要从自身做起,从日常生活中一点一滴的小事做起。与人互敬互谅,即尊重他人的人格,尊重他人的兴趣爱好,尊重他人的劳动成果。这既是处理人际关系的一般法则,又是遵守社会公德的基本要求。社会生活的实践表明,只有自己尊重别人,别人才会尊重自己。俗话说:"你敬人一尺,人敬你一丈。"如果每一个社会公民在相互交往中都能主动尊重他人,关心他人,急他人所急,想他人所想,整个社会就会变成一个温暖的大家庭,就能形成一种团结和睦、平等友爱的人际关系。

文明礼貌是社会公共生活的一条重要的道德规范,是人与人在社会交往中必须遵循的基本准则。文明礼貌既是做人的起码要求,也是个人道德修养境界和社会道德风貌的表现。随着人类社会的发展和文明程度的不断提高,人们的行为也应当越来越文明,以适应日趋复杂的社会公共生活和人与人之间的正常交往的要求。

文明礼貌是心灵美与行为美的统一,是一个人的内在品质和内心世界的外在反映,正如古语所说的"诚于中而形于外"。就言谈举止来说,一个心灵美的人,绝不会讲粗话、脏话,更不会恶语伤人。常言道,"良言一句三冬暖,恶语伤人六月寒"。可见语言美在人际交往中多么重要!要有美好的言谈举止,就必须在塑造心灵美的基础上努力学习语言文化,学会讲普通话,在当前特别要认真学习和推广文明礼貌用语。最常用的即"十字"文明礼貌用语:"您好""谢谢""请""对不起""再见"等。与人交谈时要热情诚恳,稳重大方,谦恭有礼。这些要求并非是一般的个人生活小节,而是有关社会主义精神文明建设的大事,是对新时代社会主义公民的形象展示,我们切不可掉以轻心。

(二)助人为乐

助人为乐是指人们主动地伸出援助之手,给他人以无私的帮助,并为此感到极大的幸福和满足的一种道德情感。它的最大特点是无私的、发自内心地对他人的关怀。它要求人们把互相关心、互相爱护、互相帮助、扶危济困、见义勇为作为崇高的道德义务,反映了社会主义社会人与人之间的新型关系。

助人为乐作为社会公德的一个规范,是调整人与人之间的相互关系的公共生活准则^如果每个人在社会公共生活中都能见义勇为,助人为乐,互相关心,互相爱护,那么全社会就能结成一个凝聚力很强的整体,同心同德地为现代化建设出力。相反,如果"各人自扫门前雪,不管他人瓦上霜",见义不为,见死不救,社会必然就会像一盘散沙,就不可能和衷共济搞现代化建设。因此,助人为乐不仅是一种道德要求,而且是调动人的积极性、推动两个文明建设的一种精神动力。

在社会主义社会,人们从集体主义和社会主义人道主义出发,关心他人,救死扶伤,见义勇为,助人为乐,涌现出了许许多多先进模范人物,他们的思想和行为闪耀着共产主义道德的光辉。20世纪60年代的雷锋,他短暂的一生是为人民服务的一生,是助人为乐的一生;他为别人做的好事数也数不清,他无私奉献的精神人人景仰。20世纪80年代的张海迪,高位截瘫,她以残病之躯,为农村城市的数千人治过病,送去温暖,她助人为乐的精神人人皆知。20世纪90年代的孔繁森、徐洪刚、徐虎、李素丽等,他们一心一意为人民,助人为乐的精神更闪耀着时代的光辉。

(三)爱护公物

爱护公物就是对社会、集体的财物采取爱护、保护的态度和行为。公共财物是劳动人民通过辛勤劳动创造的,是社会生产和生活的必要物质基础和条件,是保证公共生活正常进行的物质设施。因此,爱护公共财物应是公民应尽的责任和义务。每一个公民都应该以主人翁的精神,关心、珍惜和爱护公共财物,树立爱护公共财物的道德风尚,并坚决反对一切破坏和损害公物的行为。

在社会主义制度下,公共财产神圣不可侵犯,因而爱护公物就成为社会公德的一项重要内容。我们的社会财富是来之不易的,它的一点一滴都是广大人民群众流血流汗、艰苦奋斗创造出来的,我们爱护公物,就是珍惜和尊重人民群众辛勤劳动的成果。一个人对待公共财物的态度如何,表面看来是人与物的关系,实质上是公与私的关系,是集体利益与个人利益的关系。在社会主义社会,个人利益与整体利益实质上是一致的,但是,整体利益高于个人利益,个人利益应服从整体利益。那种把个人利益置于整体利益之上,不惜损害整体利益来谋取个人私利的行为,是严重违反社会公德的。

社会主义国家的公民都是国家的主人,应当以主人翁的态度来对待公共财物。首先,要树立以爱护公物为荣,侵占和破坏公物为耻的道德观念,在任何情况下不拿公家的一针一线,不损害公家的一草一木,坚决反对公私不分、化公为私、损公肥私等不道德行为;其次,要勤俭节约,杜绝浪费,坚决反对那种铺张浪费,任意挥霍公款、糟蹋公物的作风,使有限的财力物力发挥最大的效益;其三,如发现有人破坏公共财物或公共财物遭到水火等自然灾害袭击时,要不计个人得失,挺身而出,进行制止或抢救;其四,要搞好宣传教育工作,大力弘扬爱护公物光荣的道德舆论,使大家都来关心公物、爱护公物,从而形成良好的社会风气。

(四)保护环境

环境,从宏观层面来讲,分自然环境和社会环境两大类。这里所讲的保护环境主要是指自然环境,即人与自然的关系。爱护自然,保护环境,就是维护人类自身的利益,是人类不可推卸的道德责任。它不仅关系到一个国家的经济发展速度,而且是衡量一个国家、民族文明程度的重要标志。因此,加强保护环境的教育和宣传,是社会公德建设的重要任务。

社会公德不仅涉及人与人之间的关系,还涉及人与自然的关系,涉及整个人类的利益。社会公德在环境问题上的一个基本要求就是,人类不仅要满足当前的需要,而且要为子孙后代留下一个能满足需要的环境。任意对待自然,造成生态失调,不仅会危及现代人的利益,而且是对未来人类权利的侵犯。自觉遵守环境道德,是当代社会对人们提出的最起码的道德要求。保护自然环境不仅是保证一个地区、一个国家经济和社会可持续发展的需要,而且是维护人类共同利益的体现。因此,每个公民都应从维护人类生存的观点出发,怀着对人类世代发展的高度责任感和积极保护生态环境的紧迫感,切实有效地履行保护环境的社会道德的义务。

(五)遵纪守法

遵纪守法,也就是遵守社会主义法律和社会主义纪律,这是社会主义社会的本质要求,也是社会主义社会公德的基本要求。遵纪守法作为社会公德的内容,首先,它要求人们遵守国家的法令法规,不做违法乱纪、损公害人的事,这是维护社会公共秩序所必须做到的。公民要做到"知法、懂法、守法、用法",自觉地遵守与维护法制,履行对国家和社会的法律责任。其次,它要求人们自觉遵守和维护各项纪律。纪律是人们社会生活的行为规则在社会主义制度下,纪律反映了全体人民的共同意志,维护人民的共同利益,是执行政策、法令,搞好经济工作和各项社会事业,维护社会正常生活秩序的保证。自觉遵守纪律是每一个公民应尽的义务,也是公民应该遵守的起码的道德规范。最后,它要求人们在遵守和维护社会主义法律和纪律的同时,要勇于同违法乱纪行为做斗争,以维护法纪的尊严。

四、社会公德的实践与养成

(一)我国当前社会公德的基本现状

新中国成立以来,尤其是改革开放以来,在中国共产党的领导下,中国人民在建设社会主义社会的过程中不断加强全社会的公德建设,我国社会公德建设取得了巨大的成就。

继承和弘扬了我国优良的道德传统。我国现阶段的社会公德植根于社会主义社会的经济基础,体现在社会主义社会的公共生活和人际交往中,是对以往社会公德进行扬弃的结果。我国的社会公德建设之所以取得巨大成就,与继承和弘扬我国优良道德传统是密不可分的。

改革开放为我国社会公德建设注入了新的活力。社会主义市场经济的发展使我国公共生活的领域进一步扩大,人们之间的交往更加频繁,一些新的社会公德规范和要求在实践中形成并被人们所接受。例如:人们在相互交往及公共场所活动时更加注意礼仪规范,更加注意言谈举止得体大方;一些行为礼仪越来越为人们了解、接受并逐渐成为习惯;热爱自然、保护环境的公德意识越来越深入人心,人们对待自然的态度和行为方式发生了重大变化;等等。

各种形式的社会公德建设实践活动蓬勃开展。从 20 世纪 50 年代以"五爱"为主要内容的道德教育,60 年代起在全国掀起的学雷锋活动,80 年代初的"五讲四美三热爱"群众性精神文明创建活动,到 90 年代及其以后以"讲文明树新风"为主题的创建文明城市、文明村镇、文明行业活动,以及社会各界组织的"希望丁程""送温暖""志愿者""手拉手""春蕾计划""扶残助残""百城万店无假货""保护母亲河"等活动,都成为社会公德建设的良好载体,使人们通过亲身参与和体验增强了践行社会公德的自觉性。

当前,我国遵守社会公德的状况总体是好的,但也存在着一些不尽如人意甚至令人忧虑的现象。比如,少数人缺乏基本的社会公德意识,一些人对社会丑恶现象听之任之,"事不关己,高高挂起";一些人说一套做一套,常常为图一时方便或一己私利而违背社会公德。

当代大学生已成为我国传播社会公德意识和践行社会公德规范的重要力量。从总体上看,当代大学生具有较强的社会公德意识和社会责任感,以大学生为主体的青年志愿者已成为无偿献血、捐献骨髓、环境保护等公益活动的主力军,"学雷锋""三下乡"以及其他形式的青年志愿者活动和社会实践活动已成为增强大学生社会公德意识与社会责任感的有效形式。但是,少数大学生在社会公共生活中表现出的某些陋习,在一定程度上影响了人们对大学生的评价,同社会对大学生的期望不相符合,也有损大学生群体的形象。

大学生是社会整体文化素质水平较高的青年群体,社会对大学生社会公德的修养和实践水平有更高的期望与要求。同学们一定要把这些期望化为提高自身修养的强大动力,努力培养社会公德意识,树立遵守社会公德的良好形象,争做践行社会公德的模范,以实际行动推动我国社会公德建设。

(二)在实践中增强社会公德意识,践行社会公德规范

社会公德与人们在公共生活中的实践活动有着紧密的联系。培养公德意识离不开社会实践活动。

中国儒家传统文化中有丰富的道德资源。1988 年 1 月巴黎《向东方学习》的宣言里说:"如果人类要在 21 世纪生存下去,必须回头 2540 年,去吸取孔子的智慧。"儒家重伦常、重家园、重和谐、重社会的价值观,内省不疚、中庸之道、内圣外王的处世原则都是中华民族宝贵的精神财富。

大学生应当在实践中不断增强公德意识,努力做社会公德规范的传播者和践行者。

积极参与各种社会活动,在实践中培养社会公德意识和责任意识。参加志愿者服务等公益事业和社会实践活动对大学生了解社会、拓展实际工作能力,尤其是增强社会责任感有极大的帮助。

从小事做起,从小节改起,带头践行社会公德规范。社会公德所规范的行为包括社会公共生活中最微小的行为细节,这些细节极容易被人们忽略,而它一旦被社会群体中的大多数人所忽视,就可能形成不良的社会风气。因此,社会公德意识要在点点滴滴的日常小事中培养,"勿以善小而不为,勿以恶小而为之",讲的就是这个道理3 其实,践行社会公德并不难,提升敬人礼让的境界同样不难。比如:见到老师长辈主动问候是讲社会公德;乘坐公交车主动为老幼病残乘客让座是讲社会公德;在银行、邮局等公共场所排队时自觉站在"一米线"外是讲社会公德;最后离开教室时随手关灯是讲社会公德;外出旅游时不在景点设施上随意刻画是讲社会公德;等等。社会公德的境界,就是在这些不起眼的一举手一投足间慢慢升华的。

大学生培养公德意识的实践活动有很多具体方式,既可以通过社会公德的宣传活动普及公德规范,传播文明新风,也可以结合自身的专业特点服务社会、回报社会;既可以参加学校组织的各种社会公益活动,也可以结合自己的兴趣爱好加入各种社会公益组织。大学生参与公德实践活动本身就是一种学习,可以从实践中体会到什么是符合社会公德规范的言行,什么是不符合社会公德规范的言行,从而在实践中不断提高自身的公德素养,并带动他人,影响社会。

五、网络生活中的道德要求

近年来,随着信息技术的迅猛发展,因特网开始构筑起一种全新的工作、学习和生活方式,成为重要的信息平台与交流工具。网络生活已成为大学生课余生活的重要内容,它包括信息采集、网上聊天、网络游戏、BBS 论坛、网上交友等。

网络具有方便快捷、信息量大、覆盖面广的特点,可以成为大学生学习、交流的重要

工具。然而,网络也是一把双刃剑,它既可以极大地促进社会的发展,又可能因使用不当或缺乏规范而损害社会公德,妨碍社会的发展,当前网络活动中存在着不少突出的问题,例如:网络色情信息泛滥,严重危害青少年的身心健康;软件、游戏、影视作品、音乐、书籍和论文等知识产权受到盗版行为的严重侵犯;电子商务活动中的欺诈与失信现象时有发生;传播计算机病毒和黑客对网络的破坏日益严重;等等。这些问题已对公共秩序和公共安全产生了极大危害,影响到一些大学生的学习和生活,个别大学生甚至因此而误入歧途。由此可见,网络的健康发展不仅需要高科技作为其先决条件,而且离不开伦理道德作为其发展的支撑力量。

网络生活中的道德要求,是人们在网络生活中为了维护正常的网络公共秩序需要共同遵守的基本道德准则,是社会公德规范在网络空间的运用和扩展。大学生应当积极倡导网络文明,坚持文明上网,养成科学、文明、健康的上网习惯,在网络生活中加强社会公德自律。

正确使用网络工具。网络是一个内容庞杂、覆盖面广的信息共享平台,人们可以通过网络便利地浏览新闻、查询资料、下载数据。大学生应当学会利用网络这一先进工具获取知识和信息,使之成为提高自己学习能力的重要工具。目前网络上存在不少虚假、低级庸俗,甚至反动、淫秽和色情的内容,同学们要提高鉴别善恶美丑的能力,做到不涉足不良网站,不浏览不良的内容。

健康进行网络交往。网络已成为一种人际交往的媒介和工具。人们可以通过网络收发邮件、实时聊天、视频会议、网上留言、网上交友等。网络交往要做到诚实无欺,不侮辱、诽谤他人,更不能参与网络色情游戏、赌博等活动。同学们应通过网络开展健康有益的交往活动,在网络交往中树立自我保护意识,不要轻易相信、约会网友,避免受骗上当。

自觉避免沉迷网络。适度的上网对学习和生活是有益的,但长时间沉迷于网络对人的身心健康有极大损害。现实中存在着一些同学上网成瘾,沉迷于网络而不能自拔,进而导致耽误学业,甚至放弃学业的现象。值得同学们警惕的是,沉迷于网络尤其是游戏已成为近年来青少年刑事犯罪率升高的重要原因之一。大学生应当从自己的身心健康发展出发,学会理性对待网络。

培养网络自律精神。网络的虚拟性以及行为主体的匿名隐蔽特点,不利于发挥社会舆论的监督作用,使得道德规范所具有的外在约束的效用明显降低。在这种情况下,个体的道德自律成了维护网络道德规范的基本保障。大学生应当在网络生活中培养自律精神,在缺少外在监督的网络空间里自觉做到自律而"不逾矩"。

第三节　公共生活中的法律规范

一、公共生活与法律规范

法律规范是公共生活中最权威的规则,不仅确认具有法律约束力的公共生活准则,引导人们自觉守法,自觉维护公共生活的正常秩序,而且通过制裁破坏公共秩序的违法行为,强制人们遵守社会公共生活准则。

对于公共生活,法律规范的作用主要表现为:(1)指引作用,指法律所具有的、能够为人们提供一种既定的行为模式,从而引导人们在法律规范内活动的作用。(2)预测作用,指法律通过其规定,告知人们某种行为所具有的、为法律所肯定或否定的性质以及它所导致的法律后果,使人们可以预先估计到自己行为的后果,以及他人行为的趋向与后果。(3)评价作用,指法律所具有的、能够评价人们行为的法律意义的作用。(4)强制作用,指法律能运用国家强制力制裁违法和犯罪,保障自己得以实施的作用。(5)教育作用,指法律所具有的,通过其规定和实施而影响人们思想,培养和提高人们法律意识,引导人们依法行为的作用。

二、公共生活中的基本法律规范

1.《治安管理处罚法》

立法目的是:维护社会治安秩序,保障公共安全,保护公民和其他组织的合法权益,规范和保障公安机关及其人民警察依法履行治安管理职责。《治安管理处罚法》的基本原则主要有:治安管理处罚必须以事实为依据,与违反治安管理行为的性质、情节以及社会危害程度相当;实施治安管理处罚,应当公开、公正,尊重和保障人权,保护公民的人格尊严;办理治安案件应当坚持教育与处罚相结合的原则。

2.《集会游行示威法》

立法目的是:在维护社会安全和公共秩序的前提下,充分保障宪法赋予公民的集会、游行、示威的权利和自由。《集会游行示威法》的基本原则主要有:一是政府依法保障原则。对公民行使集会、游行、示威的权利,各级人民政府应当依法予以保障。二是权利义务一致原则。公民在行使集会、游行、示威权利的时候,必须遵守宪法和法律,不得反对宪法所确定的基本原则,不得损害国家、社会、集体的利益和其他公民的合法的自由和权利。三是和平进行原则。集会、游行、示威应当和平进行,不得携带武器、管制刀具和爆炸物,不得使用暴力或煽动使用暴力。

3.《环境保护法》

立法目的是:保护和改善生活环境与生态环境,防治污染和其他公害,保障人体健康,促进社会主义现代化建设的发展。《环境保护法》的基本原则主要有:一是经济建设与环境保护协调发展原则。二是预防为主、防治结合、综合整治原则。三是谁污染谁治理、谁开发谁保护原则。

4.《道路交通安全法》

立法目的是：维护道路交通秩序，预防和减少交通事故，保护人身安全，保护公民、法人和其他组织的财产安全及其他合法权益，提高通行效率。《道路交通安全法》的基本原则主要有：一是依法管理原则；二是以人为本、与民方便原则。

5.《维护互联网安全的决定》

立法目的是：兴利除弊，促进我国互联网的健康发展，维护国家安全和社会公共利益，保护个人、法人和其他组织的合法权益。《维护互联网安全的决定》的基本原则主要有：一是促进网络发展与加强监督相结合的原则。二是信息自由与社会公共利益有机结合的原则。三是与现代网络发展相适应、与传统法律规范相协调的原则。

 培养职业道德和家庭美德

随着生产力的发展,社会分工越来越细,职业分工越来越细,社会上出现了几百种以至上千种职业。许多新职业的产生,使得不同行业的职业道德规范也随之产生,如教师的"为人师表"、医生的"救死扶伤"、公务员的"公正廉洁"等等。

第一节　职业活动中的道德

一、职业和职业道德的含义和特征

职业是人们在社会生活中对社会所承担的一定职责和所从事的专业业务;是社会分工的结果和表现。通俗的表述就是,人们所从事的工作是从业者获取生活来源、扩大社会关系和实现自身价值的重要途径。职业对人的意义体现在多个方面,既具有工具意义,也具有目的意义。也就是说,职业并非仅仅是养家糊口、谋取生计的手段,还是体现人的社会本质、实践人生价值的重要舞台。

职业道德,是指从事一定职业的人在职业生活中应当遵循的具有职业特征的道德要求和行为准则,以及与人们的职业活动紧密联系的符合职业特点要求的道德准则、道德情操与道德品质的总和。不论从事哪种职业,在职业活动中都要遵守道德。职业道德与社会公德、家庭美德一起成为社会主义道德建设的着力点。

职业道德在内容方面总是要鲜明地表达职业义务、职业责任以及职业行为上的道德准则;在表达形式上大多从本职业实际出发,采用守则、公约、承诺、誓言、条例形式,易于为从业人员接受和实行,易于形成一种职业的道德习惯。

职业道德,作为特定领域的行为规范和道德准则,有其自身的一些基本特征。

（一）职业性和具体性

职业道德是同人们的职业活动相联系的,它总是具有鲜明的职业和行业特点。各种职业都有自己特殊的利益、特殊的义务,以及特殊的活动内容、活动方式,随之就产生了相应的道德观念,形成了自己的道德要求。社会生活中的职业有千百种,各种职业都有自己职业特点的具体规范。虽然就其共性来说,都是要求忠于职守,但不同的职业在具体表现、职业要求上是有区别的。例如,教师的职业道德就突出表现为热爱学生,教书育人,为人师表;医务人员的职业道德就应该以救死扶伤为基本内容;营业员的职业道德就要强调公平买卖,童叟无欺,顾客第一,信誉第一。因此,某种职业道德往往就只能适用于从事该职业的人员,只能约束该职业的成员,只在特定范围内起作用,在其行业或职

业范围以外不具备任何约束力。例如，"百问不厌"是对营业员的职业道德要求，然而它却不适用于机要人员。又如，对病人有的隐瞒真实病情，不说真话，这是为了减轻病人的思想压力，出于治病救人的需要，不能认为是不讲医德。而诚实守信是商业和其他许多职业的道德要求，如果他们制造、销售假冒商品，欺诈行骗，不履行合同，则被认为是不道德的行为。

（二）稳定性和连续性

职业道德在内容上是与职业特点相联系的，即使在不同社会形态中，同一职业也总有大体一致的特定利益和义务，有一定的活动内容和行为方式，有自身的工作内容和服务手段。只要这一职业稳定和继续存在，这种职业就要与该职业相适应的职业道德的存在相结合，使长期从事某种职业的人们，逐渐形成某种比较稳定的职业心理和职业习惯。在社会职业发展中，职业道德的内容虽然也会随着社会的发展和科技的进步而不断变化，但它的总方向不但不会转移，相反还会通过世代相传的社会风俗和传统习惯延续下来形成职业传统。社会对某一职业道德的要求是相对稳定的，有连续性的。古往今来，教师总是希望桃李满天下，希望"青出于蓝而胜于蓝"；商业人员总希望生意兴隆；医生总希望医到病除、救死扶伤等等。这种带有传统性的职业心理和职业习惯，充分体现了职业道德的相对稳定和连续性的特点。

（三）多样性和适用性

社会职业的门类是多种多样的。不同行业或部门，同一行业或部门的不同职位或岗位各有差异，而每一种职业道德都是一定职业生活的道德要求，因而职业道德也表现出多样性，且在自身职业生活实践中不断发展。如医学中遗传基因、器官移植、安乐死等新情况的出现，对医生的职业道德就提出了新的要求，补充了新的内容，这就显示了职业道德具有较强的适用性。一定的职业道德适用于一定职业范围，特定的职业道德规范只对特定的职业人员具有约束效用，各种职业道德都有其各自的特点、适用的道德准则，它不可能也不必要约束其他行业人员的行为，正所谓"各行有各行的规矩"。多样性和适用性是统一的。职业道德正是由于具有多样性和适用性的特点，使它比较容易在从业人员的思想意识中形成牢固的观念，并且付诸实践；同时，也容易为服务对象所掌握，用来作为评价从业人员职业道德行为优劣的标准。

二、职业道德与法律

职业道德是社会道德体系的重要组成部分，它一方面具有社会道德的一般作用，另一方面又具有其自身的特殊作用。

特殊作用：从某个企业或部门的角度来说，职业道德通过调节从业人员内部关系，即运用职业道德规范约束职业内部人员的行为，促进职业内部人员的团结与合作。如职业道德规范要求各行各业的从业人员都要团结、互助、爱岗、敬业,齐心协力地为发展本行业、本职业服务,从而发挥提升职业、行业内部人员的凝聚力的作用。职业道德还通过调节从业人员与其服务对象之间的关系,来塑造本职业从业人员的形象,如工人要对用户负责、营销人员要对顾客负责等等。从整个行业甚至整个产业的角度来说,通过行业普遍的职业道德的规范化建设可以促进本行业效益和形象、信誉的改善。如医生对病人负责,教师对学生负责,进而会对整体的卫生事业和教育事业的发展产生积极的影响。

一般作用:从整个社会道德构成的角度来看,职业道德是整个社会道德的主要内容。职业道德是一个从业人员的生活态度、价值观念的表现,同时也是一个职业集体,甚至一个行业全体人员的行为表现^每个行业、每个职业集体都具备优良的道德,对整个社会道德水平的提高肯定会发挥重要作用。从个人道德素质的角度看,职业道德涉及每个从业者如何对待职业,如何对待工作,所以对个人的道德素质形成也会产生相应的影响。

总之,职业道德在范围上覆盖所有从事职业活动的人们,因为一个正常人到了一定的年龄就要就业,而工作的行业又覆盖全社会,且职业生活又具有连续性的特点。因此,职业道德教育几乎是一种"终身教育"。在这个过程中,职业道德规范不仅继承世代相传的职业传统,而且随着时代发展又被不断充实新的内容,从而对人的道德素质的积极塑造以及整个社会道德水平的提高有决定性的作用。

在职业生活中违背道德,会受到行业以及单位部门的相应制裁,这种制裁不属于硬性规定;但如果在职业生活中违背法律,则要受到法律的制裁。同时,职业生活中的法律规范很多都是按照职业道德规范的要求而跟进的。职业生活中的道德与法律既有相同之处,也有不同之处。共同的特征在于:它们所表达的都是具体职业的基本要求,并通过这些要求体现出特定职业的职责或价值;它们对从业者提出的要求与规范都十分具体,具有很强的可操作性;一般只约束从事本职业活动的人员„区别在于:除了具体内涵、调控手段等方面的差别外,职业道德体现的是从事一定职业活动的人们的自律意识,职业生活中的法律更多地体现为社会对一定职业活动的他律要求。

三、职业道德的基本要求

社会主义职业道德的基本要求反映了各行各业职业道德的共同本质,这些基本要求可以归纳为以下几个方面。

(一)爱岗敬业

爱岗敬业,反映的是从业人员热爱自己的本职工作,敬重自己所从事的职业,勤奋努力,尽职尽责的道德操守。爱岗敬业所表达的最基本的道德要求是:干一行爱一行,爱一行钻一行,精益求精,尽职尽责,"以辛勤劳动为荣,以好逸恶劳为耻"。

(二)诚实守信

诚实守信,既是做人的原则,也是对从业者的道德要求。即从业者在职业活动中应该诚实劳动,合法经营,信守承诺,讲求信誉,这体现了从业者的道德操守和人格力量,也是具体行业立足的基础。职业活动中,失去诚信会失去人们的信任,失去社会的支持,失去成长和发展的机遇。例如,有的人为了挣钱而不择手段,弄虚作假,以各种假冒伪劣商品蒙骗坑害群众,败坏社会风气。因此,我们必须十分重视在商品交易和市场竞争中的职业道德问题,加强职业领域的诚信道德建设,全面提高职业人员的思想道德修养。

(三)办事公道

办事公道,就是要求从业人员在职业活动中做到公平、公正,不谋私利,不徇私情,不以权谋私,不假公济私。

(四)服务群众

为人民服务是社会主义各种职业活动的共同道德要求,是一切从业人员都应遵循的最基本的行为规范,是社会主义职业道德的核心。服务群众,即在职业活动中一切从群众利益出发,为群众着想,为群众办事,为群众提供高质量的服务。

(五)奉献社会

这是社会主义职业道德中最高层次的要求。即要求从业人员在本职工作中树立奉献社会的职业精神,自觉为社会和他人做贡献。

在社会主义现代化建设中,随着改革开放全面深入,社会主义职业道德有着广泛、深入的发展。提高廉政素质是我国当前职业道德建设的一个重要任务,这就需要把廉政教育作为岗前和岗位培训的重要内容,做到廉洁从政、廉洁从业,养成良好的职业习惯,树立起各具特色的行业新风。

在职业活动中,不同的价值追求所体现的人生境界是不同的,所产生的价值和意义也是不同的,职业道德的培养还需我们在职业实践中造就。职业实践是一个人的最基本的实践,一个人对社会的贡献最终要通过本职工作表现出来。对一切职业人员来说,他的一生究竟能不能对人民、对社会做出贡献以及贡献大小,究竟能否成为道德高尚的人,在很大程度上取决于个人在职业生活中的自觉行动,取决于他在职业生活的学习、锻炼和勤奋工作的程度,取决于他的科学文化、思想意识和道德品质的修养程度。我们大学生今后无论从事什么职业,只要从现在开始学习职业道德的知识,加强职业道德修养,遵循职业道德的要求,对本职工作树立起荣誉感和责任感,把自己承担的工作当作社会主义整体的神圣事业,把为人民、为他人、为社会服务当作自己的最大幸福,就可以使自己的道德升华到最高水平,就能达到理想、道德的和谐统一与自我完善。这就要求我们从现在做起,在学习和生活中学会与他人团结协作,关心集体,发扬开拓进取精神,端正学习态度,明确学习目的,牢固树立专业思想,自觉培养廉洁自律意识,提升人格境界,按照所学专业规范和原则,自觉加强职业道德修养,并把这种道德意识付诸实践,才能培养出优良的职业道德品质。

四、培养大学生职业道德和职业法律素养

（一）培养大学生职业道德素养

树立崇高的职业理想。社会发展的需要是职业理想的客观依据，个人自身所具备的各种条件是职业理想的重要基础。家庭因素、教育因素、社会条件、自身素质等等，也是大学生职业理想形成的不可忽视的条件。社会需求是大学生职业理想实现的基础和必须面对的现实。因此，一种职业理想的形成应立足于现实，面向未来，切忌不切实际，好高骛远，应根据社会的需要、经济发展的态势，以及自身各方面的状况，包括生理和心理等条件，了解社会，分析自我，实现理想。

增强职业道德意识。大学生具有社会主义职业道德品质，是从业上岗的必备条件。加强社会主义职业道德修养，就是以能够自觉地遵循社会主义职业道德原则、规范为要求，进行自我教育、自我提高和自我改造。主要有：提高职业道德认识，就是对职业道德原则、规范的理解；培养职业道德情感，就要以对人民无限热爱之情，热爱自己所从事的为人民服务的事业，以为人民多做贡献为荣；磨炼职业道德意志，就是要具有为人民服务的坚定性，承受得住种种压力和诱惑，而为人民服务的追求始终不渝；养成职业道德习惯，就是在实践中把职业道德规范变成自己高度自觉的要求，自觉地融会到职业行为中。

（二）培养大学生职业法律素养

职业生活中的法律是指从事一定职业的人在履行本职工作的过程中，必须遵循的法律规范。职业生活中的主要法律规范，是由国家制定的、专门从事某项职业的人们所涉及的、调整可能发生某些专门社会关系的法律规范。与职业生活相关的法律很多，如《劳动法》《公务员法》《教师法》《律师法》《法官法》《检察官法》《人民警察法》《会计法》《执业医师法》等。

要让学生了解职业生活中的主要法律，坚持职业生活中的法律的基本原则，明确职业生活中的法定权利和义务，依法处理职业生活中的纠纷。

五、社会主义职业道德建设

（一）社会主义职业道德建设的紧迫性

1. 新时代新形势对职业道德建设提出了更高的要求和紧迫的任务

改革开放以来，社会主义市场经济的不断发展，在对职业道德产生促进作用的同时，也对职业道德产生了负面的影响。市场经济是一种自主经济、竞争经济、利益导向的经济，它激励人们最大限度地发挥自主性，增强人们的竞争道德观念，增强人们义利并重的道德观念，增强人们学习创新的道德观念、爱岗敬业的积极性。但是，市场经济也对职业道德产生了负面影响。作为一种自主经济、竞争经济、利益导向的经济，它容易诱发利己主义、拜金主义、享乐主义。

随着法律制度的逐步完善，我国社会主义精神文明建设总体上呈现出良好态势，公民道德建设水平普遍有所提高。但是，在某些行业出现了逆向的发展趋势。如某些国家机关工作人员敷衍塞责；某些商业从业者唯利是图，不讲信用，有的甚至坑蒙拐骗，侵害消费者权益。这些人将基本的职业道德抛于脑后，甚至违反国家的法律，终将受到法律的追究^这种严峻的现实表明，必须加强社会主义职业道德建设。

2. 加强社会主义职业道德建设是促进社会主义市场经济正常发展的需要

市场竞争机制要求有高质量的产品和优良的服务，而只有那些具有高质量产品和优良服务的企业才能成为有效益的企业。高质量产品和优良服务源于高素质的职工队伍，. 从这个意义上说，职业道德建设不好，市场经济就不能发展。

职业道德的这种作用主要体现在对具体企业的影响中，比如：职业道德有利于协调员工同事之间、员工与领导之间，以及员工与企业之间的关系；职业道德有利于提高企业的产品和服务质量，降低产品成本，提高劳动生产率和经济效益；职业道德可以促进企业技术进步；职业道德有利于企业树立良好形象、创造品牌；等等。

3. 加强社会主义职业道德建设是提升社会整体道德水平的需要

由于职业道德对社会风气起着特殊的道德感情的传递作用，人与人之间交往关系的改善，社会风气的好转，社会的安定团结，就是在这种道德感情的传递作用中实现的。所以，加强职业道德对于调整我国社会人与人之间的关系，改善社会风气，激励和发扬人们建设社会主义的积极性，具有十分重要的作用。所以，《中共中央关于加强社会主义精神文明建设若干重要问题的决议》强调指出，加强职业道德建设是当前全面加强社会主义道德建设的重点。《中共中央关于社会主义精神文明指导方针的决议》指出："加强那些直接为广大群众日常生活服务部门的职业道德建设，反对和纠正带有行业特点的不正之风。在我们社会里人人都是服务对象，人人又都为他人服务，社会的安宁和人们之间关系的和谐同各种岗位上的服务态度、服务质量是密切相关的。"因此，搞好职业道德建设对促进社会精神文明的提高具有无法替代的积极作用。

（二）加强社会主义职业道德建设

社会主义职业道德建设是一项复杂的工程，需要社会的通力合作。从国家到集体再到个人，都是建设的主要推动力量。

1. 国家的政策主导是保障

《中共中央关于社会主义精神文明指导方针的决议》对加强职业道德建设提出了要求，《公民道德建设实施纲要》也对职业道德提出了一般要求，即"职业道德是所有从业人员在职业活动中应该遵循的行为准则，涵盖了从业人员与服务对象、职业与职工、职业与职业之间的关系。随着现代社会分工的发展和专业化程度的增强，市场竞争日趋激烈，整个社会对从业人员职业观念、职业态度、职业技能、职业纪律和职业作风的要求越来越高。要大力倡导以爱岗敬业、诚实守信、办事公道、服务群众、奉献社会为主要内容的职业道德，鼓励人们在工作中做一个好建设者"。这些规定无疑对职业道德建设起到了巨大的推动作用。党的十六大报告提出了依法治国和以德治国的方针：要建立与社会主义市场经济相适应、与社会主义法律规范相协调、与中华民族传统美德相承接的社会主义思想道德体系；深入进行党的基本理论、基本路线、基本纲领和"三个代表"重要思想的宣传教育，引导人们树立中国特色社会主义共同理想，树立正确的世界观、人生观和价值观；认真贯彻公民道德建设实施纲要；弘扬爱国主义精神，以为人民服务为核心、以集体主义为原则、以诚实守信为重点，加强社会公德、职业道德和家庭美德教育，特别要加强青少年的思想道德建设，引导人们在遵守基本行为准则的基础上追求更高的思想道德目标；加强和改进思想政治工作，广泛开展群众性精神文明创建活动。

2. 行业的自我提升是关键

随着市场经济的逐步发展和完善，成熟的企业已经开始通过强化职业道德和职业意识的培养来加快企业文化的构建，从而更好地实现企业的战略目标。比如，许多企业从岗前用人标准就开始越来越强调知识和道德素质的综合性，逐步加重了职业道德在岗前培训中的比重，具体包括加强职业观念、职业纪律、职业作风、职业态度等，使员工认识到爱岗敬业的重要性，即只有热爱自己的工作岗位，尊重自己所从事的事业，才能够在工作中做到踏实认真、勤于实践、努力钻研，也才能不断提高业务水平；只有认识到诚实守信、办事公道的重要性，才能服务群众、奉献社会，让群众满意，对社会有益。许多行业或企业，还定期或不定期对全体员工进行职业技能和职业道德的培训。

3. 职业道德教育是先行平台

个人修养、品德养成要从娃娃抓起，职业道德水平的提升也是一样。从小注重对孩子职业意识、职业理想的教育，可以为未来的职业道德水平的提高提供理论、知识、情感前提。大学是人生当中特殊的阶段，大学生毕业后面临着由学生向职业工作者的转变，因此对大学生的职业道德教育很重要。所以，大学阶段的职业道德教育不同以往的学校职业道德教育，而是必须侧重职前职业道德教育，即通过教育使大学生自觉认识到自己将来所从事职业的社会价值。

但是，目前我国高校中普遍存在重智育轻德育的现象，而在德育体系之中又存在着重思想政治素质教育轻道德品质教育的现象，即注重大学生马克思主义理论教育，注重马克思主义世界观和无产阶级政治观、社会主义信念的培养，而对学生的道德品质修养教育重视不够；而在道德品质教育的过程中又存在着重日常行为规范教育而忽视职业道德教育的现象。高校必须寓职业道德教育于职业知识教育之中，使大学生在掌握一定知识的基础上正确认识所学专业的社会价值，明确自己将来所要担任的社会角色，深刻感受到自己所肩负的社会责任和使命。只有加强大学生的职业道德教育，才能引导学生把自己的学识和才智服务于社会，奉献于人民，帮助他们实现自我的社会价值，满足社会发展需要。

第二节　大学生择业与创业

一、正确认识我国当前的就业形势

当今社会已经步入了快节奏的时代,各领域都在发生翻天覆地的变化,大学生的就业形势因此也存在很大的变数,总体说来,有喜有忧。因此,即将就业的大学生应清楚现状,既要看到机遇,又要直面困难。目前的就业形势总体来说可以概括为以下三个方面。

(一)高校扩招使得毕业生人数逐年增加,就业压力逐年增大

近年来,我国高等教育由"精英教育"向"大众化教育"过渡,各高校都在扩大招生规模,这给大学生的就业带来巨大的压力。然而,与高校毕业生逐年增加形成鲜明对比的是,社会对人才的需求并不旺。因而,大学生在就业过程中遇到困难不可避免,这是无可否认的现实。

(二)供需的结构性矛盾越来越突出

供需结构的不平衡首先表现为学科专业供需不平衡。社会对通信、计算机、土建、电子、医药和师范等学科专业的毕业生需求旺盛,而对哲学、历史、社会学、经济学、法学、农学、林学等学科专业的毕业生需求较少。入世后,许多企业急需通晓世贸规则及与国际接轨的专业人才,如金融保险、财经贸易等等专业,但由于高等教育的滞后性而引发这些方面人才的短缺。其次,表现为学历层次供需不平衡。总体表现为研究生供不应求,本科生供需大体平衡,专科、高职毕业生供大于求。由于目前人才市场是"买方市场",许多单位出现了"人才高消费"的现象,一些行业中研究生占据本科生的就业岗位,本科生挤占专科生的位置。这就给本就严峻的就业形势带来更多的困难。

(三)我国经济发展呈良好态势,为毕业生营造了较好的就业环境

尽管不景气的国际经济大环境给我国经济造成了严重冲击和影响,但由于我国政府采取了拉动内需的产业结构调整、国企改革等积极且行之有效的经济政策,使我国经济能够连续几年实现快速增长,这种良好的国内经济环境为毕业生就业创造了诸多有利的条件。同时,我国良好的经济发展势头也被越来越多的国际跨国公司看好,引来更多的外资投入,这也为创造更多的就业机会提供了保证。

二、树立正确的择业创业观

近年来,随着我国经济的快速发展,就业再就业工作也取得了明显的成效,但就业再就业形势仍然很严峻。造成这种局面的原因是多方面的,比如:我国人口基数大,需要就业的人员多;就业机制有待完善;经济全球化对我国外部经济的影响,导致国内就业形势更加严峻;等等。要较好地解决就业问题固然需要党和政府提供更多的条件创造更多

的机会，但身为大学生，更需要从自身做起，树立正确的择业观和创业观，在实践中实现自己的创业梦想。

（一）树立正确的择业观

当代大学生在择业问题上有以下几个特点。

1. 时代性

大学生择业观的形成和发展，与时代的变化是紧密相连的。不同发展时期的社会有着不同的阶段目标，不同时代的大学生就有不同的择业目标。可以说，大学生择业观的变化是时代变化的晴雨表，在不同时期呈现出不同的特点。20 世纪 70 年代末 80 年代初的大学生开始有了自己选择职业的意识，但毕业时必须服从国家分配。他们在就业时最看重的是"社会地位"，追求的理想职业是"科学家"和"工程师"。20 世纪 80 年代大学生的择业标准，第一位是社会地位，第二位是社会意义，第三位是发挥个人才能和报酬。到了 80 年代末，"符合个人特长"成为他们择业的首要标准。90 年代前期，大学生就业时追求"第一职业求稳定，第二职业求发财"。90 年代中期以后，曾流行的"待遇决定职位选择"的模式已基本过时，"能否发挥专长"又成为大学生择业的首要标准，许多大学生认为要在个人和社会两个价值之间找寻最佳结合点。由此可见，大学生择业观表现出强烈的时代气息。

2. 主体性

从横向比较来看，大学生择业群体有自己鲜明的特征。有学者研究认为：大学生具有"五高峰、四最、三敢、两缺乏、一中心"的特点，智力高峰、社会需求高峰、特殊行为高峰、成就高峰；最积极、最富有生气、最肯学习、最少保留思想；敢说、敢想、敢干；缺乏社会生活经验、缺乏政治斗争经验；常常以崇尚自我为中心。这些主导特征制约着他们的择业观。主要体现在职业选择过程中，他们崇尚自我，以个人为中心，注重个人奋斗，强调自我价值的体现；在职业活动中只愿当主角，不愿当配角，总担心自己被埋没、被大材小用等等。

3. 差异性

大学生择业观因大学生分布的地域不同、学历层次不同、所学专业不同、男女性别不同、需求重点不同而呈现出明显的差异性。从地域分布来看，大学生就业去向有东部与西部、沿海与内地、本地与外地等差异；从学科专业来看，大学生学习有文、理、工、农、医、经、管、艺等众多领域的差异。这些差异性主要体现两个方面：一是升学与职业的选择上，二是选择职业的出发点上。比如，大学生在设计自己的成才之路时是多角度、全方位的：或考研专攻学业，或考"托福"以向外谋求发展空间，或从政以争取社会声望和社会地位，或经商以充实经济基础，或积极响应国家号召，为国为民奉献热血青春等。

基于以上特点，学校和社会要引导大学毕业生转变"精英"意识，树立普通劳动者观念，大学生也是社会阶层的普通成员，要以普通劳动者的心态和定位选择工作。

在当前新形势下,大学生应当树立以下几个方面的择业新观念。

1. 勇于面对竞争的观念

社会主义市场经济最显著的特点之一是竞争,竞争意识是现代人必备的素质之一。面对就业竞争的现实,大学生应当摆脱被动依赖、消极等待的状况,敢于竞争,树立"爱拼才会赢"的观念,做好多方面的竞争准备。

(1)要树立强烈的竞争意识。人才市场上的供求关系总会存在这样或那样的一些不平衡之处,同一职业往往有较多的择业者期望获得,如果没有主动竞争的思想准备和积极参与应聘的行为,是难以顺利就业的。

(2)要培养雄厚的竞争实力。竞争实力是综合素质的体现,包括思想品德素质、专业素质、文化素质、身心素质等。竞争实力是在大学生活过程中逐渐培养和塑造的结果。在公开、公正、公平的竞争原则下,竞争实力就是个人实现择业理想的资本。

(3)要坚持正确的竞争原则。大学生在就业竞争面前,要保持自己的人格尊严,诚实守信,凭自身的竞争实力并运用恰当的竞争技巧去赢得用人单位的青睐。

(4)要保持良好的竞争心态。有竞争就有风险,参与竞争就难免会受到挫折。对于就业竞争中的大学生来说,尤其要注意提高遭受挫折后的心理承受能力,把挫折看成是锻炼意志、增强能力的好机会,保持良好的竞争心态,主动摆脱受到挫折后的颓丧情绪,要认真分析失败的原因,调整自己的心态和择业目标,鼓足勇气,争取新的机会,绝不能因此而灰心丧气,一蹶不振。

2. 树立先就业再择业后创业的观念

打破一步到位、从一而终的旧的就业观。市场经济配置人力资源的特征是人才流动,毕业生也不必急于在短时间内找一个固定的"铁饭碗",要树立不断进取的职业流动观念,并学会在流动中发现机会、抓住机会、把握机会。

3. 树立自主创业和终身学习的观念

自主创业是通过采取单干、合伙等方式创办公司或其他企事业单位,从事技术开发、科技服务以及其他经营活动来创造就业岗位,并依法获得劳动报酬的就业方式。自主创业给具有创造力和活力的大学生提供了就业和深造以外的"创新之路"。

随着知识经济和信息化社会的到来,大学毕业生只有不断学习新知识才能适应社会发展的需要,否则将会被职业无情地淘汰。大学教育固然重要,但毕竟只是终身教育中的一个阶段。大学毕业后的延伸学习和重新学习,对于选择及重新选择职业岗位和取得职业成就,无疑具有同样重要甚至更重要的意义。

4. 树立到基层、农村去的观念

在大城市、主要机关提供的就业机会日趋饱和的情况下,农村和基层的广阔天地也为大学毕业生施展才华、实现理想创造了条件。

5. 树立发挥专业所长,但也注重综合素质的观念

毕业生在择业时首先要考虑所学的专业,根据专业特点谋求职业,以做到专业特点

与职业要求相匹配,发挥专业优势;同时,也要考虑综合素质和能力,一味强调专业对口会使毕业生在激烈的竞争中失去很多机会。

(二)树立正确的创业观

大学生除了要树立正确的择业观外,还应当树立正确的创业观。

1. 要有积极创业的思想准备

择业是起点,创业是追求。如果一个人选择职业之后却采取消极、应付的态度,就有可能失去已经得到的职业。创业是扩展职业生活的关键环节,在就业压力较大的社会环境中,创业意识强烈并且思想准备充分就能获得更好的发展机会,甚至还能帮助别人就业。当今社会增添了许多新职业,既体现了新的社会需要,又体现了创业者的智慧和贡献。人力资源和社会保障部从2004年建立新职业制度以来,已经向社会发布了许多新职业,并确定了今后社会定期发布新职业的工作程序。有了新职业的发布,这也为大学生们提供了自主创业的广阔天地,大学生将大有可为。

2. 要有敢于创业的勇气

创业艰苦磨难多。因此,只有创业的思想是不够的,还需要有创业的勇气,善于创业,勇于创业。勇于创业已成为高等教育培养人才的一个重要目标。1998年10月5日至9日,联合国教科文组织在法国巴黎召开的世界高等教育会议通过的《21世纪的高等教育:展望与行动宣言》中指出,为方便毕业生就业,高等教育应主要培养创业技能和主动精神,毕业生就不仅仅是求知者,而首先成为工作岗位的创业者,破除依赖心理和胆怯心理,勇敢地接受创业的挑战,做一个真正的创业者。

3. 勇于提高创业的能力

创业需要勇气,但需要的是智勇,而不是蛮干,创业不是为追求时髦的感觉,而是要获得成功的果实在创业问题上除了要具有立足创业、勇于创业的思想准备之外,还要努力提高自己的创业能力。既不拘泥于陈式,又要充分考虑自身的条件、创业的环境等各种因素,走过、经历过的感受固然浪漫,但苦过、累过、成功了的果实才是宝贵的。打破"学历本位"的观念,树立"能力本位"的意识,努力提高自主创业的能力,是所有想创业的人必须破解的一道难题。

大学生的任何择业和创业观念,也只是意识形态领域的东西,要想把它变为现实,就需要大学生在艰苦中锻炼,在实践中成才《"不经历风雨怎能见彩虹?"在艰苦的环境中磨炼自己,是对社会责任的自觉担当,也是对人生历程的自觉准备。在中国特色社会主义发展的新阶段,在全面建成小康社会的历史进程中,中国的发展在很大程度上取决于广大基层、农村和边疆的发展繁荣。哪里需要人才,那里就最有利于大学生脱颖而出。在祖国和人民的召唤与期盼中去实现自己的成才理想,这样的成才目的才是明确的,成才道路才是宽阔的。实践出真知,大学生只有在实践中把自己的择业和创业定位于到祖国最需要的地方去,才能实现自己的人生梦想。

三、在艰苦中锻炼，在实践中成长

高校毕业生是国家宝贵的人才资源，一方面高校毕业生就业面临着一些困难和问题；另一方面广大基层特别是西部地区、艰苦边远地区和艰苦行业以及广大农村还存在人才匮乏的状况。

从大学生的角度来说，要摆正自己的心态，给自己正确定位，就业中不能高不成低不就，对于工作的选择也不宜过于功利化，年轻人就应该多到基层去锻炼自己。要发扬自强自立的精神，在就业时不等不靠、不挑不拣，勇于到市场经济大潮中拼搏竞争。

从国家政策层面，国家出台了很多相关的优惠政策。如对到西部县以下基层单位和艰苦边远地区工作的高校毕业生实行来去自由的政策，户口可以留在原籍或者根据本人意愿迁往工作地区，工作期满 5 年以后，根据本人意愿可以流动到原籍或者除了直辖市以外的其他地区工作，凡落实接收单位的，接收单位所在地区应该准予落户；对毕业以后自愿到艰苦地区和艰苦行业工作并且服务达到一定年限的高校毕业生，在校期间的国家助学贷款本息由国家代为偿还；对到艰苦边远地区和国家扶贫开发工作重点县工作的高校毕业生，可以提前执行转正定级工资，高定 1-2 档工资标准；对在农村和社区工作两年以后报考公务员的高校毕业生，要采取适当增加分数以及其他优惠政策，优先录用；对在农村和社区工作两年以后报考研究生的高校毕业生，会适当给予优惠并且在同等条件下优先录取；等等。

大学生们要在艰苦中锻炼自己，自觉地把个人理想同国家与社会的需要紧密结合起来，踊跃到基层锻炼成才。

第三节 树立家庭美德，构建和谐美满的婚姻家庭关系

一、婚姻与家庭

婚姻和家庭是两个密切相关而又有明显区别的概念。婚姻是由法律所确认的男女两性的结合以及由此而产生的夫妻关系；家庭是指在婚姻关系、血缘关系或收养关系基础上产生的，由亲属之间所构成的社会生活单位。

婚姻家庭关系是特定的人与人的特殊关系，具有两种特殊的属性：自然属性和社会属性。婚姻家庭的自然属性是婚姻家庭赖以形成的自然因素，具体表现为男女两性的差异和人类固有的本能，从而构成男女结合的生理和家庭成员关系的生物学上的特征，也体现了某些自然规律对婚姻家庭所起的制约和影响作用。自然属性要求遵循自然选择规律，它是排斥近亲结婚的，如果不尊重这个自然规律的选择，它带来的后果也是非常可怕的。婚姻家庭的社会属性是指婚姻家庭的本质属性，具体表现为婚姻家庭的产生、形成和发展变化，都取决于社会生产和社会生活的客观需要，并受到上层建筑诸因素的制约和影响，从而使其依存于一定的社会结构，具有特定的社会性质。社会在不断发展，婚

姻家庭的形式和价值也在发生着变化,婚姻制度的历史沿革:"乱婚"——"杂婚"的群婚制——对偶婚制夫一妻制。无论怎么变化,婚姻家庭的变化与社会的进步在总的趋向上是一致的。

和谐的婚姻和家庭关系关系到每个人的人生质量对每个人而言,家庭是个人成长、成熟的摇篮,是成就事业的基石。家庭关系和谐,生活幸福美满,个人的幸福指数就会提高。而不和谐的婚姻家庭关系,给家庭带来无尽的痛苦,给孩子带来无法弥补的心灵创伤。建设一个温馨和睦、和谐的家庭是每个家庭成员的共同愿望。

和谐的婚姻和家庭关系在构建和谐社会中具有不可替代的作用。我们要构建的社会主义和谐社会,应该是民主法治、公平正义、诚信友爱、充满活力、安定有序、人与自然和谐相处的社会。家庭联结着个人和社会,关系到国家经济和社会的发展。家庭不仅为个人提供生存发展的现实空间,也为人们完成社会化进程、实现全面发展提供了基础条件。家庭作为社会最基本和最可持续的细胞组织,构成社会的细胞,在化解社会矛盾,推进社会发展方面发挥着不可替代的特殊作用。近几年来,因家庭问题所引发的社会问题越来越多,影响越来越广泛,不和谐的家庭通过其家庭成员将不良的情绪辐射到社会,激发了各种社会矛盾,大大增加了社会发展的成本,延缓了社会发展的速度。党的十六届六中全会通过的《中共中央关于构建社会主义和谐社会若干重大问题的决定》将和谐家庭创建作为群众性和谐创建活动的重要内容。

建设和谐家庭,就是要以家庭成员的全面发展为基础,以积极向上的家庭价值取向、平等和谐的家庭关系、民主协商的家庭氛围为主要内容,提高家庭文明程度,以家庭的和谐服务于和谐社会的建设。建设和谐家庭,就是要用家庭成员之间的和谐促进社会人际关系的和谐,用邻里之间的和谐促进社区的和谐,用家庭与环境的和谐促进社会与自然的和谐,从而为促进社会的和谐发展奠定基础。

二、树立家庭美德

家庭的和谐与否,受制于家庭成员的文化素养、道德品质,也受制于整体的经济社会发展水平。婚姻家庭的和谐稳定要靠道德的规范和法律的规范来共同调节。从道德规范的角度讲,和谐家庭以家庭美德建设为主线,形成家庭的自我教育、自我约束的行为方式。

家庭美德在维护和谐美满婚姻家庭中具有相当重要而且独特的功能。家庭美德是我们每个公民在家庭生活中需要遵循的行为准则,它涵盖了夫妻、长幼、邻里之间的关系。家庭美德的基本规范是尊老爱幼、男女平等、夫妻和睦、勤俭持家、邻里团结。

(一)尊老爱幼

尊老爱幼是我们中华民族的传统美德。中国有一句世代相传的道德格言:"老吾老以及人之老,幼吾幼以及人之幼。"这句格言给尊老爱幼注入了博大的情怀。老人为社会做出了贡献，他们为养育儿女付出了一生的心血，当他们年老体弱的时候理应得到家庭和社会的回报。

（二）男女平等

男女平等是我国重要的法律原则和道德规范，也是我国的基本国策。家庭关系中的男女平等主要体现在人格平等、权利平等、义务平等。

（三）夫妻和睦

夫妻是家庭的主要成员，夫妻关系是家庭关系的核心。在现实生活中要想真正做到夫妻和睦不是一件简单的事。夫妻和睦，要宽容，互敬互爱，互助互让，这是爱的精髓。

（四）勤俭持家

常言道："勤是摇钱树，俭是聚宝盆，奢懒败家门。"对于大学生来说，它的现实意义就是我们应该珍惜我们花费的每一笔钱。但事实并不是这样的，有些大学生已经出现了超前消费、攀比消费，甚至出现了负债消费。勤俭持家应该和大学生的现实密切相连。

（五）邻里团结

要求以礼相待、互谅互让、互帮互助、宽以待人、团结友爱。

家庭美德在维系和谐美满的婚姻家庭关系中具有十分重要而独特的功能^家庭美德是每个公民在家庭生活中应该遵循的行为准则，涵盖了夫妻、长幼、邻里之间的关系。

三、婚姻家庭中的法律规范

（一）结婚的法定条件

结婚的法定条件分为必备条件和禁止条件。结婚的必备条件：一是必须男女双方完全自愿；二是必须达到法定婚龄；三是必须符合一夫一妻制。结婚的禁止条件：一是禁止直系血亲和三代以内旁系血亲结婚；二是禁止患有医学上认为不应当结婚的疾病的人结婚。

（二）婚姻无效的认定

婚姻无效的情形包括：重婚的；有禁止结婚的亲属关系的；婚前患有医学上认为不应当结婚的疾病，婚后尚未治愈的；未达到法定婚龄的。

（三）父母与子女间的权利义务关系的内容

父母与子女间的权利义务关系的内容包括：父母对子女有抚养教育的义务；有管教和保护未成年子女的权利和义务；同时是未成年子女的法定代理人和监护人，子女对父母有赡养扶助的义务；父母与子女间有相互继承遗产的权利。

（四）处理离婚时影遵循的原则

处理离婚时必须遵循以下两个原则：一是保障离婚自由；二是反对轻率离婚。

（五）离婚过错损害赔偿制度

当夫妻一方有下列过错而导致离婚的，无过错有权请求损害赔偿：重婚的；有配偶者与他人同居的；实施家庭暴力的；虐待、遗弃家庭成员的。有过错方应向无过错方支付赔偿金。

争做道德楷模，遵守法律规范

人类社会生活必须按一定标准和准则进行，制约人们社会生活行为的标准和准则叫规范。规范指人们在一定情况下应该遵守的各种规则。

行为规范就是人们的行为应当遵守的规则。行为规范由于人的两大活动——技术活动和社会活动而分为技术规范和社会规范两大类。社会规范是调整人们社会关系的行为规则，一般所说的行为规范就是指社会行为规范。社会行为规范又包括政治规范、法律规范、道德规范以及其他规范等。其中，制约力最强的是政治法律规范，其次是纪律规范，最后是道德规范。

第一节　道德规范与法律规范是核心的社会规范

一、社会规范的演进

所谓社会规范，是调整人与人之间、人与社会之间社会关系的规范，它以一定的社会关系为内容，以一定的方式、手段为形式，其目的是维护一定的社会秩序，从而让人们生活在安定、和平、稳定、协调、健康的社会环境之中。

社会规范种类繁多，包括风俗习惯、道德规范、宗教规范、法律规范、经济规范、政治规范、社会组织规范等等。社会正是通过这种种社会规范，实现了对人的行为，对人的社会关系的调控。

社会规范的产生、发展是一个历史的过程。在早期社会，一方面生产力低下，人们生活简单，欲望低浅，争夺之事稀少，人与人之间的关系比较朴实，以德设教，足够感化人心；另一方面，人们的智力尚未发达，知识不多，人所敬畏的是神灵，以神道设教，也足以羁系人心。因此，社会秩序主要依赖道德规范、宗教规范、风俗习惯等社会规范维持，人们相互之间的关系也是通过这些社会规范而得到调控。后来，人类社会生产方式日渐发达，人的理性、知识日益开发，欲望日渐高涨，生活越来越复杂，人与人之间的关系也愈来愈多元化，社会秩序、人与人之间的关系仅仅依靠道德、宗教、风俗习惯调控已远远不够了，必须求助于其他社会规范才能得到控制和协调。于是，法律的、经济的、组织的、利益的规范逐渐发展，成为社会的主要法则。

对人与人之间关系的调控、对社会秩序的调控首先是国家的职能，而国家必须通过法律来行使自己的职权。所有其他社会控制的手段被认为只能行使从属于法律并在法律确定范围内的纪律性权力。因此，法律成为最主要最根本的社会权威。当然，法律的功能、作用的发挥和实现仍然要借助于其他社会规范而进行,"法律必须在存在着其他比较间接的但是重要的手段——家庭、家庭教养、宗教和学校教育——的情况下执行其职能",通过各种社会规范、社会控制方式的协调、互助而共生。因此,文明社会的演变和发展表明,虽然各种社会规范、社会控制是逐渐形成和发展的,各有其不同的功能和使命,但是它们是社会文明化、制度化、规范化、秩序化、理性化的基础,缺一不可。

二、道德规范与法律规范是核心的社会规范

法律、道德、宗教等社会规范是一个综合统一体,它们共同促进了社会的协调发展。在多元化的社会规范体系中,在多样化的社会调控方式中,道德与法律最为重要,是基本的社会调控方式,甚至是核心的规范和调控方式。

在社会中,道德与法律通过自身的规范性、制度性机制,既确认、规定、规范、保障和维护人的行为、人与人之间的各种社会关系,又引导、促进、制约、拘束人的行为、人与人之间的各种关系。因此,道德、法律是人类文明生活必须具备的核心要素,是人的社会生活的经纬,是人走向文明化、社会化不可缺少的基石。没有道德、法律所奠定的制度化、规范化、秩序化、理性化、人文化的基础,人不会成为理性的文明的人,人类社会不会成为高度文明化、社会化的社会。

作为文明的两大核心要素,作为基本的社会规范、调控方式,道德与法律在本质上大体相同,在结构、功能、作用、方式等许多方面交叉交合,不可分离,互助共生。只有法律与道德的互渗互动,才能真正实现社会的有序化,实现社会的和谐和稳定。否则,无论是摒弃道德,还是抛弃法律,都会导致人类的灾难和社会生活的无序。

美国著名法学家富勒在《法律的道德性》一书中指出,道德分为"愿望的道德"和"义务的道德"。前者是人们对至善的追求,人们遵守了愿望道德就会受到赞美;后者是人们对社会生活的基本要求,即便遵守了也不会受到赞赏,因为本来就是该做的,但一旦违反就会受到谴责。

关于道德规范,《公民道德建设实施纲要》有如下规定。

社会公德是全体公民在社会交往和公共生活中应该遵循的行为准则,涵盖了人与人、人与社会、人与自然之间的关系。在现代社会,公共生活领域不断扩大,人们相互交往日益频繁,社会公德在维护公众利益、公共秩序,保持社会稳定方面的作用更加突出,成为公民个人道德修养和社会文明程度的重要表现。要大力倡导以文明礼貌、助人为乐、爱护公物、保护环境、遵纪守法为主要内容的社会公德,鼓励人们在社会上做一个好公民。

职业道德是所有从业人员在职业活动中应该遵循的行为准则,涵盖了从业人员与服务对象、职业与职工、职业与职业之间的关系。随着现代社会分工的发展和专业化程度的增强,市场竞争日趋激烈,整个社会对从业人员职业观念、职业态度、职业技能、职业纪律和职业作风的要求越来越高。要大力倡导以爱岗敬业、诚实守信、办事公道、服务群众、

奉献社会为主要内容的职业道德，鼓励人们在工作中做一个好建设者。

家庭美德是每个公民在家庭生活中应该遵循的行为准则，涵盖了夫妻、长幼、邻里之间的关系。家庭生活与社会生活有着密切的联系，正确对待和处理家庭问题，共同培养和发展夫妻爱情、长幼亲情、邻里友情，不仅关系到每个家庭的美满幸福，也有利于社会的安定和谐。要大力倡导以尊老爱幼、男女平等、夫妻和睦、勤俭持家、邻里团结为主要内容的家庭美德，鼓励人们在家庭里做一个好成员。

三、道德和法律作为规范方式的区别和联系

道德规范与法律规范一样，都是上层建筑的重要组成部分，都是规范人们行为的重要行为准则，这是二者的共同之处。但它们又有各自不同的特点和作用。

（一）区别

第一，从道德和法律的产生、发展来看，道德的产生要比法律早得多，而且最终将替代法律，成为唯一的行为规范。

第二，从依靠的力量来看，法律是由国家制定的，并由国家强制执行的；道德则不是由国家强制执行的，是依靠社会舆论的褒贬、人们的良心、教育感化、典型示范等唤起人们的知耻心，通过培养人们的道德责任感和善恶判断能力来进行调控的。法律以国家意志的形式出现，道德以社会意志的形式出现。法律规范的构成较之道德规范更加明确、精确和严密。

第三，从发挥作用的方式来看，道德的重点是通过单一的义务要求来调整人们之间的关系，而法律以更加严谨的法律结构来调整人们的行为，对人内心的动机却不甚注重。

第四，从制裁的角度来看，违反了道德无须任何特定组织和特定程序的认定，人们就可以把违反道德的人和道德制裁直接相连，这说明用道德调节的方法是灵活的、普通的；而违反法律，追究责任一定要通过严格程序和法庭审理。法律规范体现着统治阶级的意志，体现着维护社会稳定、保护人民生命财产安全、保障国家安全等要求，一旦违反就会危及国家的安全、社会的稳定和经济的正常发展，因此国家需要依靠法院、警察等带有强制性的国家机器来保证其成员在政治、经济、社会等各个领域严格依照法律规范的要求约束自己的行为，用强制措施来保证法律规范的推行与实施。道德规范只是用来调整人与人之间的一般社会关系，其主要作用并不是直接维护社会稳定、保护人民生命财产安全和保障国家安全，违反道德规范的后果也不会像违反法律规范的后果那么严重。因此，道德规范的推行不像法律规范那样必须依靠强制性手段，而主要是通过教育和引导的手段。与道德规范相比，法律规范重事后处罚，道德规范的贯彻实施主要是通过事前的说服教育进行的。

第五，从对主体要求的角度来看，法律规范重在他律，即法律规范凭借和依靠国家的强制机器予以强制推行和实施，对违反该法律规范的任何单位和个人都予以严厉处罚，

迫使人们不得不按照该法律规范的规定行事。而道德规范只是调整人与人之间的一般社会关系,主要通过宣传教育的方式,使人们在内心深处形成道德行为的内在动因,从而养成"羞耻之心",最终能够自觉遵守道德规范。所以,道德规范主要是依靠社会成员的自律来贯彻实施的。

此外,道德规范一般重表彰遵纪守法者,而法律规范一般重惩罚违法犯罪者。

(二)联系

第从道德和法律的内容来看,二者有相互重叠的部分。一部好的法律必然在这个社会中有自己的道德支撑,其中包含的价值也一定是符合社会道德的,我们难以想象一部法律必须在全面的监视下实行,而一旦失去监视人们便拒不执行。一个社会、国家通过法律形式,把适合社会生活需要的道德法律化、制度化、规范化,使之成为法律规范,这实际上确立和形成了一个法定的基本道德体系和标准。

第二,从道德和法律的作用来看,二者是相辅相成、相互促进的。法律通过把道德理念、原则、信条和要求具体化,把社会中的道德准则、义务和要求确定为法律的准则、义务和要求,促使人们更为明确自己的道德义务,更为积极地认同和接受道德的制约。因此,法律对提高社会道德水平发挥了不可替代的独特功能。良好社会风气的形成,既要依靠道德,也要依靠法律制度。

第三,法律与道德是人类生存的两大支柱,人类社会和文明要求法律与道德并举并重,相互配合,相互协调。只有法律与道德互助共生,才能真正形成和保持和谐稳定、错落有致的社会秩序,法律与道德才能真正成为人类文明的基石。

江泽民指出,我们在建设中国特色社会主义、发展社会主义市场经济的过程中,要坚持不懈地加强社会主义法制建设,依法治国,同时也要坚持不懈地加强社会主义道德建设,以德治国。对一个国家的治理来说,法治与德治,从来都是相辅相成、相互促进的。我们应始终注意把法制建设与道德建设紧密结合起来,把依法治国与以德治国紧密结合起来。

第二节　法律规范与法律遵守

一、法律规范概述

法律规范属于社会规范的范畴,是一种特殊的社会规范。从广义的角度,就是以法律手段对社会秩序的一种保障和规范;从狭义的角度,是指一种具体的规范性文件的总称,广义上的含义,我们在与道德的对比中可以很好地理解,这里重点阐述狭义上的法律规范,以利于我们全面地理解这个问题。

按照法律规范调整方式的不同,法律规范可以分为授权性规范、义务性规范和禁止性规范。授权性规范，就是规定人们可以做出一定的行为，或者要求他人做出或不做出某种行为的规范。按其规定的不同内容，又可以分为两类：一是授予公民或法人某种权力；二是授予国家机关、公职人员某种权力（职权）。义务性规范，就是规定人们必须依法做出一定行为的法律规范。这类规范在法律条文中常以"必须""应该""应当""有义务"等词汇表述。禁止性规范，就是禁止人们做出某种行为或者必须抑制一定行为的法律规范。这类法律规范在法律条文中多以"禁止""严禁""不得"等词汇来表述。

按照法律规范的强制性程度的不同，法律规范可以分为强制性规范和任意性规范。强制性规范，其义务性要求十分明确，而且必须履行，不允许人们以任何方式加以变更或违反，这种规范在刑法中较多，一般表现为义务性规范和禁止性规范两种调整方式，也有人把强制性规范称为命令性规范。任意性规范，就是允许法律关系参加者自行确定其权利和义务的法律规范。

按照法律规范内容确定性程度的不同，法律规范可以分为确定性规范、委托性规范和准用性规范。确定性规范，是指明确规定行为规则内容的法律规范，绝大多数法律规范都属于确定性规范。委托性规范，又称非确定性规范，是指规范中没有明确规定行为规则的内容，而委托某一机关加以确定的规范。这类规范的特点是不直接规定所要求或禁止的行为规范的内容，而是指出应由某一机关加以具体规定。准用性规范，是指没有直接规定行为规则的内容，而是规定在某个问题上须参照、引用其他条文或其他法律、法规的法律规范。

按照法律规范后果的不同性质，法律规范可分为保护性规范、奖励性规范和制裁性规范。保护性规范是确认人们的权利、行为合法有效并加以保护的法律规范。奖励性规范是指给予各种对社会做出贡献的行为以表彰或物质奖励的法律规范。制裁性规范是指对违法行为不予承认并加以撤销给予制裁的法律规范。制裁性规范在各个法律部门中均有规定。

二、法律规范的社会作用

作为一种特殊的社会规范，法律的作用总的来说可以分为规范作用和社会作用。

规范作用是指法律对人的行为所产生的影响及其方式和过程。法律通过它的不同的规范性表现形式，如授权性规范、禁止性规范、命令性规范等来调整一定的社会关系，指引人们的行为。

法律的社会作用是指法律对经济、政治、文化等各种社会关系的影响及其方式和过程。在社会主义国家，法律的这种作用的主要表现是：保障和促进社会主义政治文明建设，确认人民主权和维护人民当家做主的权利，保障和促进社会主义市场经济健康有序地发展，保障和促进社会主义精神文明建设。

法律在现代社会中的作用越来越重要。法律通过维护正常的社会秩序，从而有利于公民、法人和其他组织合法权益的实现。

三、培育法律思维，维护遵守法律规范

人的素质是一个多层次的有机统一体。思想道德素质和法律素质是这个有机体中不可缺少的两种基本素质。人的素质体现着人们协调各种关系、处理各种问题时所表现出的是非判断能力和正确行为能力，是政治素养、道德品格和法律意识的综合体现，决定着人们在日常生活中的行动目的和方向。2004年《中共中央、国务院关于进一步加强和改进大学生思想政治教育的意见》将"加强民主法制教育，增强遵纪守法观念"作为大学生素质教育的一项内容。

和其他素养一样，法律知识是法律意识形成的前提和基础，在此基础上才能培育出法律思维，进而自觉维护遵守法律规范，形成一种法律精神。

（一）知法学法

要了解法的一般概况。法是一种社会规范，是以国家政权意志形式出现的社会规范，不是各个成员个人的意志和利益的简单相加。我国社会主义法律是工人阶级领导的广大人民的共同意志；我国社会主义法律体系由法律部门构成，如宪法、行政法、民商法、经济法、刑法、程序法；我国社会主义法律的运行包括法的创制、法的执行、法的遵守，同时还有法律法规在某个问题上的具体规定等等。

（二）培育法律思维方式

法律思维方式有特别的体现，比如法律思维讲证据，处理法律问题以证据为根据 s 证据就是以法律规定的形式表现出来的、能够证明案件真实情况的事实。比如法律思维讲程序，程序问题本身就是法律规范的一部分，程序的违法也属于违法。最重要的是，法律思维特征的体现就是讲法理，而不是单纯按道理、按情理。

（三）自觉维护遵守法律规范

维护主要指的是维护法律权威。法律权威的树立主要依靠法律的外在强制力和内在说服力。单纯依赖外在强制力，法律不可能形成真正的权威。对于大学生来说，要通过认真学习法律知识，深入理解法律在现代社会中的重要作用，积极宣传法律知识，敢于同违法犯罪行为做斗争，从而推动全社会形成尊重和维护社会主义法律权威的良好风尚。

第三节　争做道德楷模

一、大学生是引领文明社会风尚的主力军

（一）什么是社会风尚

社会风尚是在特定社会生活环境中，社会心理共性特征的外在表现。简单地说，就

是社会成员追求什么，崇尚什么。

社会风尚是社会风气的一种表现。社会风气是多样性的、随机的和不确定的，社会风尚是社会风气的主流，是社会行为习惯的主导因素，是被大多数社会成员所追求和崇尚的价值观念、行为习惯、潮流时尚，是人们判断真伪、荣辱、善恶所遵循的基本标准依据。社会风尚一旦形成，就会成为影响社会成员价值观念和行为习惯的稳定的、确定的因素，渗透到社会文化深层结构的社会心理，进而影响人的日常生活方式、交往方式和消费方式，渗透和演变成为人们的日常生活习惯和习俗。

所以，文明的社会风尚有利于加强社会建设和管理，形成团结稳定的社会秩序；有利于协调社会各方利益，创造良好的人际环境；有利于建设安定有序的经济、政治和文化生活，保证广大人民群众安居乐业。

（二）社会风尚重在培育

社会风气是自然和自发形成的，社会风尚则是人为的，是在社会舆论的左右和引导下有目的和有意识地生成发展的。社会的主流意识形态、主流文化观念、主流价值取向、主流社会心理对社会风尚的形成往往起决定作用。

应该培育什么样的社会风尚呢？具体来说，就是自觉实践社会主义荣辱观，努力在全社会进一步形成知荣辱、讲正气、促和谐的良好风尚。

知荣辱。一个人只有从思想上真正明确了什么是光彩的事、什么是耻辱的事，才能自觉地约束自己的言行。一个社会只有树立了是非分明的荣辱观，才能成为精神文化大国。胡锦涛提出的"八荣八耻"社会主义荣辱观体现了我国发展进入新阶段的时代要求，树立了看得见、摸得着的行为规范和准则，具有现实指导意义。"八荣八耻"的社会主义荣辱观必将成为引领社会风尚的一面旗帜，既是对中华民族传统道德的精辟概括，同时又赋予其鲜明的时代特征。

讲正气。这一点同样是对全体社会成员普遍适用的《》对于有关部门的工作人员，应该讲正气，不徇私舞弊，做到公正、公开、公平。对于舆论媒体，要注重弘扬正气，营造弘扬正气的氛围，以正气引导人。对于学校教师，要在实际教学活动中，无论是知识的传授，还是自身的行为示范，都要体现正气。青年学生，对于我们身边的丑恶现象，要勇于站出来，要勇于做斗争。

促和谐。和谐的社会风尚可以具体表述为：社会成员在共同的价值观念和社会心理的作用下，所崇尚和追求的生活目标和行为方式健康高雅；对美丑、荣辱、真伪、善恶、是非的分辨和判断有基本明确的价值标准；对自身行为和形象有基本的自知、自觉、自律和自省；人际关系诚信友爱，融洽和睦。营造文明的社会风尚，就要在全社会形成爱国守法、明礼诚信、团结友善、勤俭自强、敬业奉献的基本道德规范，自觉遵守社会公德、职业道德、家庭美德的社会风尚，形成科学、健康、文明的生活方式，增进男女平等、尊老爱幼、扶贫济困、礼让宽容的人际关系等。

营造文明的社会风尚，一方面要宣传道德知识，普及道德规范，树立道德楷模，倡导文明新风，弘扬社会正气，塑造美好心灵，针砭社会时弊，抨击不良言行，谴责道德败类，为推进公民道德建设创造良好的舆论文化氛围；另一方面，要深入开展群众性的公民道德实践活动，尤其要充分发挥道德模范的示范带动作用，引导社会各界见贤思齐、择善而从，使道德模范的高尚行为逐步成为广大公民的自觉行动。就是说，需要从每个人、每件事做起，处处体现文明，处处营造文明氛围，在社会上做一个好公民，在单位里做一个好职工，在家庭中做一个好成员。只要自觉从我做起，从身边事做起，从点滴做起，人人按照文明规范行事，人人起来监督纠正不文明行为，就会产生强大的合力，创造出更多的形式，形成巨大的推力，使营造文明社会风尚的各项活动取得效果。

（三）大学生应该承担起引领文明风尚的责任

社会风尚建设不是单纯对人的教化，更主要的是社会成员的自我教育和引导。大学生作为社会中有活力、有朝气的一部分，作为新时代社会中有抱负、有理想、有能力的一部分，应该承担起引领文明风尚的责任，成为引领文明风尚的责任风向标。

引领社会风尚是具体的，而不是抽象的，要实实在在落实到我们的生活中，落实到我们的日常行为中。

第一，树立良好的寝风、班风、校风。社会风尚是由社会风气潜移默化而成的，一个集体的风尚也是潜移默化演进的。寝风、班风、校风需要每个人去维护。要形成互相关心、互相爱护、礼貌待人的寝风；要形成互相帮助、团结协作、勤奋向上的班风；要形成和谐友爱、奋发向上的校风。所有这些，需要每个学生在一言一行中充分地实现和体现出来。

第二，树立良好的学习风气和健康的生活风尚。学校是学习的场所，良好的学风是学习的保障，是学校风气的主要构成因素。现在，在许多学生中存在敷衍了事、不求上进的不良学风，形成了崇尚奢华、盲目攀比、追求享乐的不良生活习惯。这些都与我们的生活息息相关，也是我们最容易改变的方面。

第三，自觉同不良社会风气做斗争。对于什么是不良的社会风气，我们基本有判定的标准，基本都可以分清是非丑恶。现在的问题是，在面对社会不良风气的时候，我们的勇气和自觉性远远不够，而这本身就是助长不良风气的推动力。所以，我们要注重培育自己这方面的勇气和自觉性。值得指出的是，这种培养不单纯是自我修养和能力的提高，而且要在同不良风气做斗争的实践中增长。

二、争做新时代青年的道德楷模

什么是道德楷模？

每一个时代都有不同的道德楷模，也就是说，对于什么是道德楷模，不同的时代有不同的标准。但是，尽管时代变迁，却有某些共同的品质可以超越时代，成为任何时代都认可的标准。正如《光明日报》的一篇文章中所指出的："历史上的道德偕模，其模范事迹常常是对公益的捍卫和无私献身。在关键时刻，他们能够毅然把私利置之度外，以实际行动捍卫他人和社会利益，为公众树立了光辉的榜样。他们所捍卫的不仅是公益本身，而且是由这种利益要求所形成的公共精神。任何利益都是暂时的、易逝的，精神却具有永恒的传承价值。所以，尽管道德楷模的事迹是个别的，受到时空条件限制，甚至有着某些方面的缺点，但是以公益为基础的集体主义精神却得到了公众的普遍认同。之所以说每个时代都需要道德楷模，是因为每个时代的公益都需要无私的捍卫，每个时代的道德楷模都是公共道德规范的捍卫者。他们用实际行动树立了表率，对于引导和提升公共道德水平具有巨大作用。在楷模公共精神的滋养下，普通公众能感受到私欲的狭隘，体验道德行为的高尚，享受无私生活的意义，并由此获得勇气和力量。

时代进步需要健康向上的道德风尚来引领，社会发展需要道德楷模的力量来推动。当代大学生不仅要成为引领社会风尚的风向标，还要更上一层楼，努力成为时代的道德楷模。

哲学家康德说："有两种事物，我们越是经常、持续地对它们反复思考，它们就总是以时时翻新、有增无减的惊叹和敬畏充满我们的心灵：这就是头上的星空和内心的道德法则。"

第四节　加强社会主义法律修养

当代大学生不仅要培养社会主义法律意识，而且要加强社会主义法律修养s只有加强社会主义法律修养，不断提高法律意识和法律素质，才能担负起建设社会主义法治国家的历史重任。

一、培养社会主义法律思维方式

社会主义法治国家建设的进程能否顺利推进，在一定程度上要看社会主义法律思维能否深入人心。我国法制宣传教育的内容不仅应该包括宣传和普及法律知识，而且应该包括努力提升公民的法律思维水平。大学生要自觉培养法律思维方式和能力。.

（一）法律思维方式的含义

所谓法律思维方式就是指按照法律的规定、原理和精神，思考、分析、解决法律问题的习惯与取向。

在通常情况下，法律问题还往往包含着政治、经济和道德问题，可以从道德的、经济的、政治的角度来思考和处理，但一旦这些问题被纳入法律调整的范围，就应当按照法律的规定、原理和精神来思考与处理。在相当多的情况下，按照法律思维思考与处理问题，与按照道德思维、经济思维或政治思维思考与处理问题，会得出相同或相似的结论，但在某些情况下则可能得出不同的结论。

例如,欠债还钱是几乎所有社会普遍通行的一项道德准则。法律保护债权人的合法权利,但法律中有诉讼时效的规定。按照我国《民法通则》的规定,债权人向人民法院请求保护债券的诉讼时效为两年。也就是说,如果债权人在两年内既没有向法院起诉债务人,也没有向债务人提出还债的要求,而且债务人也没有表示要偿还债务,那么债权人的债权就不再受法律的保护。法律虽然不强迫债务人履行义务,但并不反对债务人自行履行,因为从道德上说,一项债务不论过了多长时间,债务人都有义务偿还。在此类情况下,法律思维与道德思维之间产生了冲突。必须强调的是,在对法律问题的思考与处理上,法律思维应当优先,不能用道德的原则和道德评价取代法律的规则和评价。

(二)法律思维方式的特征

1. 讲法律

法律思维思考与处理法律问题首先要以法律为准绳。某种行为是合法行为还是违法行为,是一般违法行为还是犯罪行为,是否应当承担法律责任,应当承担什么样的法律责任等,都应当以法律为标准做出判断。如果脱离法律来思考与处理问题,就谈不上什么法律思维。

在社会生活中,人们有时会遇到法与理、法与情的冲突,遇到合理不合法或合情不合法的情况。但是,人们即使感觉到某些法律规定不合理、不合情,也不能漠视、违背或搁置法律。一项法律规定,只要它没有被修改或废除,它就是有效的,人们就有义务遵守或执行。如果人们觉得某项法律规定不合理,可以向有关国家机关提出修改或废除的建议,由有关国家机关修改或废除该项法律规定,但在国家修改或废除之前,人们仍然必须遵守或执行。

2. 讲证据

法律思维思考与处理法律问题要以证据为根据。正确地分析与处理法律案件,要抓住两个关键问题:一是查清案件事实,正确运用法律。只有收集到充分的证据,才能查清案件事实。一般来说,证据就是以法律规定的形式表现出来的、能够证明案件真实情况的事实。法律上的证据不同于一般的事实。首先,证据要具有合法性,即证据的形式、收集和查证都必须符合法律的规定;其次,证据要具有客观性,即证据必须是客观真实的,既不能捕风捉影,也不能主观臆断;最后,证据要有关联性,即证据只有与案件事实有实质性联系,才能对案件事实具有证明作用。

3. 讲程序

法律思维思考与处理法律问题要从法律程序出发。程序问题在法律领域居于非常重要的地位。简单地说,程序是法律所规定的法律行为的方式和过程,法律通过规定明确的程序来约束人们的行为。程序告诉人们实施某种法律行为时应先做什么事情,后做什么事情,以及如何做这些事情才是符合法律的。与其他类似的思维方式相比,法律思维更为关注行为的程序问题。

4. 讲法理

法律思维要求思考与处理法律问题要运用法律原理和精神。法律思维的任务不仅是获得处理法律问题的结论，而且要为法律结论提供充分的法律论证和法律理由。任何理性的思维都应当用适当的理由来支持所获得的结论。而法律思维对理由的要求更有特殊之处：其一，理由必须是公开的，而不是秘密的；其二，理由必须有法律上的依据；其三，理由必须具有法律上的说服力。就此而论，与其说法律思维的首要任务是寻求解决问题的结论，不如说是寻求据此做出结论的法律理由——那些认同法律并依赖于法律的人们能够接受的理由。

（三）培养法律思维方式的途径

1. 学习法律知识

学习和掌握基本的法律知识，是培养法律思维方式的前提。一个对法律知识一无所知的人，不可能形成法律思维方式。法律知识通常包括法律、法规方面的知识和法律原理方面的知识。这两部分法律知识对于培养法律思维方式都很重要。只有既了解法律法规在某个问题上的具体规定，又了解法律的原理原则，才能更好地领会法律精神，养成法律思维，并运用法律思维思考和处理法律问题。

2. 掌握法律方法

法律方法是人们从法律角度思考、分析和解决法律问题的方法。法律方法构成法律思维方式的基本要素，法律思维的过程就是运用法律方法思考、分析和解决法律问题的过程。我们要培养法律思维方式，就必须掌握法律方法。应当指出，法律工作者使用的法律方法相当复杂，有法律解释的方法、法律推理的方法、填补法律漏洞的方法、认定事实的方法等，每一种基本方法又包括一系列具体的方法。大学生有必要了解和掌握一些基本的法律方法。

3. 法律实践

法律思维方式是一种在法律实践中训练、培养和应用的思维方式。脱离具体的法律生活和法律实践，不可能养成法律思维方式。只有通过参与各种法律活动，在法律实践中运用法律知识和方法思考、分析和解决法律问题，才能养成一种自觉的法律思维习惯。随着社会主义法治国家建设进程的不断推进，法律对社会生活的调整范围将越来越广，人们面临的法律事务必然越来越多，这既对培养法律思维方式提出了迫切要求，也为培养法律思维方式提供了更好的条件。

二、树立和维护社会主义法律权威

（一）维护法律权威的意义

法律权威是就国家和社会管理过程法律的地位和作用而言的，是指法的不可违抗性。法律权威的树立主要依靠法律的外在强制力和内在说服力。

法律的外在强制力是法律权威的外在条件,主要表现为国家对违法行为的制裁。尽管法律权威不可能完全建立在外在强制力的基础上,但必要的外在强制力是树立法律权威不可缺少的条件。

法律的内在说服力是法律权威的内在基础。法律的内在说服力来源于法律本身的内在合理性,如法律合乎情理、维护正义、通俗易懂,也来源于法律实施过程的合理性,如执法公平、司法公正。正是由于法律本身及法律实施具有这些内在合理性,法律才受人尊重,被人信任,为人遵守。

(二)自觉维护社会主义法律权威

1.社会主义法律权威的维护,有赖于国家的努力

从国家角度来说,应当采取各种有效措施消除损害社会主义法律权威的因素。例如:要进一步提高立法质量,保证法律的科学性、合理性;改善法律实施的状况,保证有法可依、有法必依、执法必严、违法必究;深入开展法制宣传教育,增强全社会的法律意识。

2.社会主义法律权威的维护,也有赖于公民个人的努力

从个人角度来说,应当通过各种方式努力维护社会主义法律权威。

(1)努力树立法律信仰。一个人只有从内心深处真正认同、信任和信仰法律,才会自觉维护法律的权威。大学生应当通过认真学习法律知识,深入理解法律在现代社会中的重要作用,深刻把握我国社会主义法律的精神,从而树立起对我国社会主义法律的信仰。

(2)积极宣传法律知识。大学生在自己学习和掌握法律知识的同时,还要向其他人宣传法律知识。特别是要宣传社会主义法制观念,帮助人们彻底根除"权大于法""要人治不要法治"等封建残余思想,宣传我国社会主义法律的优越性,使人们了解、熟悉和认同我国社会主义法律,从而推动全社会形成尊重和维护社会主义法律权威的良好风尚。

(3)敢于同违法犯罪行为做斗争。违法犯罪行为既是对社会秩序的破坏,也是对法律权威的蔑视。大学生不仅要有守法意识,自觉遵守国家法律,而且要敢于同违法犯罪行为做斗争,自觉维护法律权威。同违法犯罪行为做斗争的方式是多种多样的,既包括事前采取有效措施预防违法犯罪行为的发生,也包括事中和事后的制止、检举、揭发违法犯罪行为。

弘扬法治精神

当代社会的发展趋向，是走向法治的社会。作为未来事业的合格建设者和可靠接班人，大学生应当明确如何做一个法律意义上的合格公民，要具有投身社会事业的主体意识、权利意识、程序意识和责任意识。不仅要"做正确的事情"，还要"把事情做好"。美德是心灵之善，但若无法律制度的规范，则易走向盲目；法律制度是规范之治，但若无美德支撑，则易流于空洞。从这个意义上来说，道德与法律互为补充，两者不可分离。

第一节　领会社会主义法律精神

一、法的知识

法律不是从来就有的，它是社会发展到一定阶段的产物。在原始社会并不存在法律，那时的社会调整措施是氏族习惯。正如恩格斯在《家庭、私有制和国家的起源》一书中指出的："一切问题，都有当事人自己解决，在大多数情况下，历来的习俗就把一切调整好了。"当然，尽管原始社会没有法律，人们也照样过着有条不紊的生活，但那毕竟是与生产力水平低下相联系的；随着社会生产力的发展，私有制、阶级和国家的出现，原始社会的习惯必然要被新的社会规范——法律所取代。法律是阶级社会特有的历史现象。它的历史类型与阶级社会的社会形态是一致的，有四种历史类型，即奴隶制法律、封建制法律、资本主义法律和社会主义法律。

（一）法律的一般含义

1.法律是由国家创制并保证实施的行为规范

这也是法律区别于其他社会规范的一个重要方面。凡是法律规范都有经过国家权力而形成的特点。制定和认可是国家创制法律规范的基本形式。制定，即国家机关在法定的职权范围内依照法律程序，制定、补充、修改、废止规范性法律文件的活动。认可，即国家机关赋予某些既存社会规范以法律效力，或者赋予先前的判例以法律效力的活动。

法是由国家强制力保证实施，其他社会规范（比如道德规范）不具有国家强制的性能。国家强制力是指国家的军队、警察、法庭、监狱等有组织的国家暴力。国家强制性只在人们违反法律时才会降临到行为人身上当人们自觉遵守法律时，法律的强制力并不显露出来。国家强制不是法律实施的唯一保证力量，法律实施还依靠诸如法律意识、道德观念、纪律观念、经济、文化等方面。法律的强制力不等于赤裸裸的暴力。法律如果等于简单的暴力，那么统治阶级也就无须采用法律的形式来进行治理，只要有刑场和行刑队这种暴力工具就行了。

2.法律是统治阶级意志的体现

这就是法律的阶级意志性，又包含了这样几层意思：法律体现的是统治阶级的整体意志，而不是统治阶级的某个党派、某个集团或某个人的意志，也不是个人意志的简单相加；法律所体现的统治阶级的意志，并非统治阶级意志的全部，它还体现在统治阶级的国家政策、道德、言论等。只有上升为国家意志的统治阶级意志，才是法律。

3.法律是由社会物质生活条件决定的

这就是法律的物质根源性和制约性。马克思主义认为，社会存在决定社会意识。法律既不是统治阶级头脑中所固有的，也非凭空产生、随心所欲的，只能产生于他们的社会物质生活条件。社会物质生活条件的含义比较广泛，主要包括地理环境、人口状况、社会物质生产方式。其中，有决定意义的是生产方式，生产力和生产关系的统一。马克思曾深刻指出，"只有毫无历史知识的人才不知道：君主们在任何时候都不得不服从经济条件，并且从来不能向经济条件发号施令无论是政治的立法或市民的立法，都只是表明和记载经济关系的要求而已"。也就是说，任何统治阶级都不能不顾一定经济条件的要求，而任意立法。所以，任何法律就其社会阶级本质来看，都是体现一定生产关系要求的一定社会经济形态的法律。任何法律都不能超出那个时代的物质生活条件所允许的范围，为所欲为。

地理环境和人口状况只能影响或制约法律的发展，不是法律产生和发展的决定性因素。地理环境、人口状况对法律的影响主要通过他们对社会生产方式的影响来实现。

综上所述，可将法律定义为：法律是由国家制定或认可，并以国家强制力保证实施的、反映由特定社会物质生活条件所决定的统治阶级意志的规范体系。

（二）法的历史类型与法的分类

1.法的历史类型

与国家的本质类型一样，法的历史类型是同社会形态相适应的。历史上第一个法的类型是奴隶制法；第二个法的历史类型是封建制法；第三个法的历史类型是资产阶级法。尽管它们存在于不同社会形态内，各自有不同的阶级性质和特点，但是由于它们都是建立在以生产资料私有制为核心的经济基础之上，都是剥削阶级意志和利益的体现，都维护着人剥削人的制度，因此可以统称为剥削阶级类型的法。第四个法的历史类型是社会主义法。社会主义法是人类历史上新型的，同时也是最高类型的法。所以，对历史上的法律也可划分为两大类型，即剥削阶级法律和社会主义法律。

社会主义法作为社会主义新型制度的一个有机组成部分，是人类历史上出现的崭新的法的类型。社会主义法建立在以生产资料公有制为核心的社会主义生产关系基础上，是以工人阶级为领导的广大人民的共同意志的体现。

2.法的分类与法系

（1）法的分类。依据不同的标准可以对法进行不同的分类，如：依据法建立的经济基础和社会阶级本质，可以分为不同历史类型的法；依据法律调整的社会关系类别和调整方法，可以分为不同的部门法；依据法律规范的外部形式和结构等特点还可以分为成文法和不成文法、实体法和程序法、根本法和普通法、一般法和特别法、国内法和国际法；等等。

（2）法系。一般说来，源于同一法律文化传统，在法律的结构、形式、法律调整方法和技术等方面具有共同特点的各国法律制度被称为一个法系。目前，对世界各国法律制度影响比较大的法系是大陆法系和英美法系。

大陆法系是以古代罗马法为基础与以法国《拿破仑民法典》和 1900 年《德国民法典》为传统产生和发展起来的各国法律的总称，也称为罗马法系、民法法系。属于大陆法系的除法国、德国这两个代表性国家以外，还包括欧洲和世界许多国家，主要是西班牙、荷兰、葡萄牙，以及曾经是上述这些国家的殖民地的国家，还有受其影响较深的日本、泰国、土耳其等国家。旧中国国民党统治时期的法律多是参照德、日两国的法律制定的，因此基本上属于大陆法。英美法系是以英国法为传统产生和发展起来的各国法律的总称，又称为英国法系、普通法法系。属于英美法系的国家除了英国和美国，还包括一些曾经是英国殖民地的国家和地区，如印度、巴基斯坦、缅甸、马来西亚、新西兰、澳大利亚等。我国香港特别行政区的法律制度在形式上也保留了英美法系的特点。

二、我国社会主义法的渊源与体系

法的渊源是指法作为行为规则的具体表现形式。我国社会主义法的渊源主要有以下几种：宪法、法律、行政法规、地方性法规、民族自治地区的自治条例和单行条例、行政规章、国际条约。在法的渊源之外的其他个人的讲话、意见、法学著作、判例、习惯等都不是法。

法的体系是指一国或地区现行法律规范按不同的法律部门组成的有机联系的统一整体。法的部门是指对一国现行法律规范按其所调整的社会关系的不同，以及与之相适应的调整方法的不同而作的分类。法的部门通常由若干具体法律制度及相应的法律规范组成。我国社会主义法律通常包括下列部门法：主导的法律部门——宪法；基本法律部门——行政法、民法、经济法、劳动法、商法、劳动与社会保障法、刑法、自然资源与环境保护法、诉讼法。

（一）宪法及宪法相关法

宪法在法律体系中具有非常特殊的地位，体现在两方面：第一，它是法律体系的基础，是核心；第二，它是其他法律的立法根据，很多法律文件上都明文写着根据中华人民共和国宪法制定本法，明确表明这个法的立法根据是宪法。我国现行 1982 年宪法经过了四次修订。宪法法律部门，除了宪法，这一部门法中还有许多相关的法，比如国家机关的组织法，包括全国人大的组织法、国务院的组织法、人民法院的组织法、人民检察院组织法、地方各级人大和地方各级政府组织法，还有选举法、民族区域自治法、两个特别行政区的基本法，国籍法、国旗法、国徽法等，这些都是宪法部门范畴的，是宪法性的法律。

（二）民商法

民商法是调整民事和商事活动的法律规范的总和。我国目前还没有一部较完整的民法典，大家只知道有一部《民法通则》是1986年制定的：民法典的制定工作实际上一直抓得很紧，2002年底全国人大常委会曾审议过一次民法典的草案，因各种因素的影响这部法律还没有正式出台，但是我们有很多民事方面的

单行法律，比如《担保法》《合同法》《拍卖法》《商标法》《专利权法》《著作权法》《婚姻法》《继承法》《收养法》等，这些都是专门的民事法律。商法是民法的特殊部门，商法的单行法也很多，如《公司法》《保险法》《票据法》《海商法》《证券法》《信托法》等都属于商法的范畴。民商法这个部门在我国的法律体系中处于非常重要的地位。

（三）行政法

行政法是调整国家行政管理活动中形成的社会关系的法律规范的总和。我们可以把它分成一般的行政法和特别的行政法。一般行政法是对有关的行政主体、行政行为、行政程序、行政责任等一般规定的法律规范。特别行政法是调整各专门行政部门管理活动的法律规范。目前，我国现有一批行政法律，如《公务员法》《行政许可法》《行政监察法》《行政处罚法》《行政复议法》《治安管理处罚法》等。

（四）经济法

经济法是调整国家在协调经济运行过程中发生的经济关系的法律规范的总称。经济法同行政法一样没有一个统一的法典，但有许多经济法律文件构成。经济法法律部门主要包括两个部分：一是国家宏观调控和经济管理方面的法律，已制定的《预算法》《审计法》《会计法》《银行法》《价格法》《税收征收管理法》《个人所得税法》《城市房地产管理法》《土地管理法》等，这些属于宏观调控和经济管理方面的法律，是经济法律的重要组成部分；二是市场管理方面的法律，有关公平竞争的，比如《反不正当竞争法》《消费者权益保护法》《产品质量法》《广告法》等都属于经济法。这个法律部门就其所包含的法律数量而言也是相当大的。

（五）社会法

社会法在我国是正在加强建设的部门法，社会法是规范劳动关系、社会保障、社会福利和特殊群体权益保障方面的法律关系的总和。我国已经制定的社会法主要有《劳动法》《残疾人保障法》《未成年人保护法》《妇女权益保障法》《老年人权益保障法》等，都是

劳动和社会保障方面的重要法律。

（六）刑法

刑法是规定犯罪和刑罚的法律规范的总称。我国现行刑法是 1979 年制定，1997 年修订的，之后又有几次修正。另外，还有全国人大常委会关于惩治某些犯罪的决定。除了刑法典，刑法修正案、全国人大常委会惩治某些犯罪的决定都属于这个部门。

（七）诉讼和非诉讼程序法

程序法是规定保证权利和义务得以实现或职权和权责得以履行的法律规范的总称。我国目前的程序法主要有三大诉讼法——《刑事诉讼法》《民事诉讼法》《行政诉讼法》，以及《海事诉讼特别程序法》《仲裁法》等。

三、我国社会主义法的运行

（一）法律的制定

1. 指导思想

法律制定，就是通常所说的立法，是指有关国家机关在法定权限范围内，依照法定程序，制定、修改、废止和补充规范性法律文件的活动。法律制定是一项专属国家的活动，是以国家名义进行的职权行为，任何政党、企事业单位、个人均不能进行立法活动。

法律制定的指导思想通常与一国的政治、经济、社会发展目标相适应。关于我国社会主义法的创制工作的指导思想，《中华人民共和国立法法》第三条规定："立法应当遵循宪法的基本原则，以经济建设为中心，坚持社会主义道路，坚持人民民主专政，坚持中国共产党的领导，坚持马克思列宁主义、毛泽东思想、邓小平理论，坚持改革开放。"马克思列宁主义、毛泽东思想、邓小平理论和"三个代表"重要思想是我国一切工作的根本指导思想，也是我国法的创制工作中总的指导思想。依据《中华人民共和国立法法》的有关规定，我国社会主义法的创制工作坚持如下原则：维护法的严肃性、稳定性和连续性；从实际出发，实事求是，坚持群众路线，坚持领导与群众相结合；坚持原则性和灵活性正确结合。

在这样的指导思想和基本原则的指导下，我国社会主义法的创制工作应该坚持有选择地继承和批判地借鉴中外历史上的立法经验。这里涉及了法的继承与法的移植。法的继承性与法的阶级性不是对立的，不能因为法的阶级性否定法的继承性。法律移植是一个国家法律制度的部分甚至大部分都是从另一个国家的法律制度或许多"法律集团"中输入的一种现象。法律移植、借鉴和吸收了其他国家甚至不同社会形态国家的法律制度，是加快社会主义法制建设的一条捷径。

2. 法律的制定程序

法的制定程序即立法程序，是指有法的制定权的国家机关在创制、修改、补充或废止等法的制定活动中的法定步骤和方法。不同国家或同一国家的不同机关在制定不同的规范性法律性文件时，其制定程序往往不同。在我国，按照法的制定机关的性质不同，可将法的制定程序分为两种，即权力机关的立法程序和行政机关的立法程序。权力机关的立法是主要的立法。

根据《立法法》《中华人民共和国全国人民代表大会议事规则》和《全国人大常务委员会议事规则》的有关规定及立法实践，我国立法基本按以下程序进行：法律案的提出、法律案的审议、法律草案表决稿的表决和法律的公布四个阶段。

法律案的提出。法律案的提出是指依法由具有专门权限的国家机关或个人向立法机关提出创制、修改、补充或废止某项法律的法律案。

法律案的审议。法律案的审议是指立法机关对已列入会议议程的法律案进行审查和讨论。列入全国人大常委会会议议程的法律案，一般经过三次常务委员会会议审议后交付表决。

法律草案表决稿的表决。这是指立法机关对法律案经过审议后提出的表决稿正式表示同意或不同意的活动。这是整个立法活动中最有决定意义的一步。根据我国宪法和《立法法》的规定，法律一般要由全国人大全体代表或常务委员会全体组成人员过半数通过。

法律的公布。这是立法机关将获得通过的法律依法定形式公之于众（社会）的一个法定程序。

（二）法律的实现

法律的实现，是指法律规范在人们的行为中的具体落实，即权利被享用，义务被履行，禁令被遵守。法律实现的形式以法是否需要国家干预为标准，分为法的遵守和法的适用。

1. 法律的遵守

法律的遵守，指国家机关及其工作人员、政党、社会团体、企事业单位和公民，自觉按照法律规范的要求进行活动。

社会主义法律的遵守是指在社会主义国家里，一切国家机关和武装力量、各政党、各社会团体、各企业事业组织和全体公民都必须遵守法律的规定，依法行使权利和履行义务，严格依法行使职权。广义的守法不仅包括遵守宪法、法律、法规、规章和条例，还包括遵守国家的有关政策、劳动纪律、技术规范和一些群众自治组织所制定的乡规民约等，这些也是我国社会主义法制所要求的。

遵守社会主义法律有利于巩固人民民主专政，维护公民的权利和自由，有利于实现社会的稳定和秩序，有利于促进改革开放和经济建设的发展，也有利于同各种违法犯罪行为做斗争。因此，一切国家机关、企业事业组织、社会团体，各政党和全体公民都必须自觉守法，严格依法办事。

2.法律的适用

法律的适用，是指国家专门机关和由国家授权的社会组织，运用国家权力调整和保护具体的社会关系的活动。以适用法的主体为标准，划分为权力机关对法律的适用、司法机关对法律的适用、行政机关对法律的适用、国家授权的社会组织对法律的适用。

其中，我国的行政执法体系主要由3部分主体构成：第一，人民政府，包括中央人民政府和地方各级人民政府；第二，行政部门，即各级人民政府中享有执法权的下属机构；第三，事业组织，特指那些因法律、法规授权而具有管理社会公共事务职能的组织，以及按照法律、法规由国家行政机关委托授权的管理公共事务的事业组织。

行政执法中法律适用的基本原则：依法行政原则，行政合理性原则。我国审判机关适用法的基本要求：正确、合法、及时、合理、公正。我国审判机关适用法的基本原则：以事实为根据，以法律为准绳的原则；公民在适用法律上一律平等的原则；审判机关依法独立行使职权的原则；实事求是、有错必纠的原则。

（三）违法、法律责任和法律制裁

1.违法

遵守法律的行为，即符合法律规范或法律原则要求，对社会有益或至少无害的，从而为法律所保护的行为。与之对应的是违法行为，是指个人或单位实施的具有社会危害性的、有过错的不合法行为。

违法的种类包括刑事违法、民事违法、行政违法和违宪行为。刑事违法，也称犯罪，是指触犯刑法依法应受刑罚处罚的行为。民事违法，是指违反民事法律并应追究民事责任的行为。行政违法，是指违反行政法规并应追究行政责任的行为。违宪行为，简称违宪，是指违反宪法的行为。

2.法律责任

法律责任是指违法者对自己实施的违法行为必须承担的责任。法律责任与违法有不可分割的联系，没有违法就没有法律责任；法律责任是由法律规定的；法律责任的认定和追究必须由国家专门机关通过法定程序来进行；法律责任以国家强制力作为实现的保证。法律责任根据违法的性质，可以分为刑事责任、民事责任、行政责任、违宪责任；根据责任人主观上有无过错，可以分为过错责任、无过错责任；根据责任承担的内容不同，可以分为财产责任、非财产责任。

3.法律制裁

法律制裁是指由专门机关对违法者依其应负的法律责任而采取的强制性惩罚措施。法律制裁是基于违法行为而产生的。没有违法行为，就失去了追究法律责任的客观基础，也就不能实施法律制裁。法律制裁是由特定的国家机关来进行的并以国家强制力保证施行。法律制裁的目的在于保护权利，惩罚违法行为，恢复被损害的法律秩序。法律制裁包括刑事制裁、民事制裁、行政制裁和违宪制裁。

（四）法律监督

法律监督，是指由所有国家机关、社会组织和公民对各种法律活动的合法性所进行的监察和督导。国家机关的监督是国家机关为保障法律的切实实施所进行的监督，具体包括国家权力机关的监督、国家行政机关的监督和国家司法机关的监督。

国家权力机关的监督，在我国就是指各级人民代表大会及其常委会对法的创制和法的实施所进行的监督。行政机关的监督，是指国家行政系统内部存在的监督、行政机关对行政相对人存在的法律监督，以及行政系统内部设立的专门机关的法律监督。司法机关的监督具体包括审判机关的监督和检察机关的监督两种。审判监督是指人民法院实施的法律监督，人民法院系统内的监督具体形式是二审程序的监督、死刑复核程序的监督、审判监督程序的监督、人民法院对检察机关的监督、人民法院对行政机关的监督；检察监督是指由人民检察院实施的法律监督，其表现为法纪监督、侦查监督、审判监督。

社会监督是指各政党、各社会组织和人民群众对各种法律活动的合法性所实施的监督。社会监督不具有国家监督的法律效力，不具有强制性法律后果。

社会监督有以下几种形式：中国共产党的监督，表现为政治上的监督、组织监督、党纪监督；人民政协的监督；各民主党派的监督；社会团体的监督；新闻舆论的监督；人民群众的监督。

四、建设社会主义法治国家

（一）法制与法治

法制是一个国家法律制度的简称，法治是主张严格依照法律治理国家的原则。与法律制度同对应的是政治制度、经济制度、文化制度等制度；法治相对的是人治。法制是与国家并存，有国家就有一定的法律制度；但是有国家、有法律制度实行的却不一定是法治。

法制和法治既有区别，又有联系，我们既不能将两者混同，也不能将两者割裂。法制与法治，无论是在内涵还是在语言表达上，都是有区别的。法制与国家政权相伴而生，有国家政权就有法制；而法治则与民主政治相伴而生，一个国家可以有健全的法制，但并不等于它能够实行法治。同时，我们应当看到，两者之间也是有联系的。法制和法治都以国家的法律和制度为内容和因素，都属于社会上层建筑的范畴，都受一定物质生活条件的制约。实行法治首先要有完备的法律和制度，因此法制是实行法治的前提和基础。

社会主义法制和社会主义法治在本质上是一致的，它们都体现社会主义的性质和精神。法制建设和法治建设同样重要，所以我们提出了依法治国方略。江泽民同志在党的十五大报告中指出："依法治国，就是广大人民群众在党的领导下，依照宪法和法律的规定，通过各种途径和形式管理国家事务，管理经济文化事业，管理社会事务，保证国家各项工作都依法进行，逐步实现社会主义民主的制度化、法律化，使这种制度和法律不因领导人的改变而改变,不因领导人的看法和注意力的改变而改变。"

(二)社会主义法治观念

1.社会主义与法制观念

如前所述,法治与法制是不同的两个概念。本章标题使用的"法治观念"是一个"大"概念,包括广泛的内容(如下面所讲),主要强调的是依法治国的理念;而"法制观念"则是一个相对"小"的概念,主要是就法律与法律制度讲的,着重强调的是法律制度对社会与公民的作用。因此,学习本章要注意区分这两个概念的不同。

社会主义民主与法制是社会主义的重要特征。民主是个多义词,它可以指国家的政治制度,也可以指公民的民主权利,还可以指工作作风和工作方法。但是,就其基本含义而言,民主是指国家的政治制度。作为一种国家政治制度,民主的本意是大多数人的统治。民主是人类政治文明发展的成果,也是世界各国人民的普遍要求。各国的民主是由内部生成的,而不是由外力强加的。社会主义民主是一种新型的民主,是符合民主本意的民主,它是以社会主义基本经济制度为基础的,体现社会主义本质的、人民当家做主的政治制度。如前面所讲,法制是指国家的法律和制度,同时也包含按照法律和制度办事的要求。社会主义社会的性质和目标,要求有充分的民主,完善的法制。正如江泽民所说:"没有民主与法制就没有社会主义,就没有社会主义的现代化。"换句话说,社会主义民主与法制是社会主义的重要特征。

民主与法制应是社会主义和谐社会的首要观念。和谐社会要求坚持人民当家做主的人民主权原则,保证国家权力始终掌握在人民手中,做到"权为民所用,情为民所系,利为民所谋",全心全意为人民服务;要求发展人民民主,切实做到民主选举、民主决策、民主管理、民主监督,保证人民的有序参与。法制观念虽然是一个老话题,但在今天却显得非常重要。它不仅是法律领域的事情,而且是对全社会的共同要求。和谐社会首先要求公民和组织具有社会主义法制观念,政府要坚持依法治国、依宪治国、依法行政和依法办事,切实做到"有法可依、有法必依、执法必严、违法必究",建立法律秩序和法治社会,真正实现监督制约公权力,尊重和保障人权。

党的领导是社会主义民主与法制的根本保证。(1)发展民主、制定法律需要党的领导。中国共产党始终坚持社会主义民主发展方向,并领导人民通过国家权力机关制定宪法和法律,将党的正确主张、路线、方针、政策通过法律上升为国家意志,为实行社会主义民主与法制提供了保障。(2)依法治国要求党的领导。依法治国是中国共产党提出的治国方略,而要实施依法治国的方略,就必须加强党的领导。那种削弱党的领导、脱离党的领导的倾向是绝对要不得的。总之,党的领导是社会主义民主与法制的根本保证。

社会主义民主与社会主义法制相互依存、相互促进。社会主义民主是社会主义法制的基础与前提,社会主义法制是社会主义民主的体现和保障。二者相互作用,不可分割。

2.法律权利与法义务观念

权利,是主张和请求的意思,它意味着每一个人都具有自主意志的人格,并受到他人尊重。换句话说,每一个人都有资格要求自己作为一个人而有尊严并得到尊重(同样,他也必须尊重别人)。人若丧失了这一"资格",就成了"会说话的工具"。而为了维护人的尊严,就有资格提出所享有的要求或诉求。法律权利是指法律所确认和保护的法律关系主体所享有的某种权能。法律权利的特点表现为:(1)权利享有者依法有权自己做出一定的行为。(2)权利享有者依法有权要求他人做出或抑制一定的行为。(3)权利享有者的权利受到不法侵害时,依法有权要求有关国家机关予以保护。

义务是指一个人应当作或不应当作什么。法律义务是指法律规定的法律关系主体(义务主体)所承担的必须履行的责任。义务是有约束力的,在义务面前是不能要求自由的,就是说义务是法定的,是不能放弃的。

法律权利和法律义务两者的关系极为密切,是对应依存的关系。例如,在甲与乙之间的法律关系中,乙具有离开土地的义务。那么,与此相关的就是,甲具有要求乙离开其土地的权利。权利与义务都是有界限的:你挥动手臂的自由须止于别人鼻子的面前。法律权利与法律义务的关系可归纳为:结构上的相关关系,数量上的等值关系,功能上的互补关系。

3. 法律面前人人平等观念

"法律面前人人平等"的口号,是资产阶级在反对封建主义的斗争中提出来的。在资产阶级革命取得胜利之后,他们就把这一口号确立为资产阶级法制的一项重要原则,并用宪法的形式把它确定下来。我国宪法明确规定:"中华人民共和国公民在法律面前一律平等。"在我国,法律面前人人平等的基本含义是:(1)我国公民不分民族、种族、性别、职业、家庭出身、宗教信仰、教育程度、财产状况、居住期限,都必须平等地遵守宪法、法律和其他法规,依法平等地享有法定的权利和承担法定的义务;(2)任何公民的合法权益必须毫无例外地受到法律的平等保护;(3)任何公民的违法行为必须毫无例外地依法平等地得到追究和制裁。概括地说,公民在法律面前一律平等,就是要用同一尺度把法律适用于所有公民,不允许任何人有超越宪法和法律的特权。

确立法律面前人人平等的牢固观念:(1)公民在守法上一律平等。任何人没有超越法律的特权。(2)公民在适用法律上一律平等。对于任何公民,不论其民族、种族、性别、职业、宗教信仰、教育程度、财产状况、社会地位、居住期限等有何差别,都要给予平等对待。(3)公民要树立正确的平等观念。

平等是不是等同?"法律面前人人平等"不能理解为"人人一样"。人与人之间是有差别的存在,这就是"人"的多样性。在社会的公共管理活动领域,要求"人人一样",必然会陷入平均主义的泥坑,这方面我们是有深刻教训的。

平等是形式上的平等还是实质上的平等?如在联合国的会费交纳中,各国交纳的会费是不同的。尽管各个国家交纳的会费不一样,但就各个国家本身的能力上是否已经"尽力"而言,分歧不大。虽然中国于2002年交纳了2000万美元,但我们已经尽了自己最大的力；而美国虽然交纳最多，但考虑到能力，就并不比其他发展中国家尽更大的力。

人人平等是理想还是现实可能？"法律面前人人平等"具有理想因素，其最终实现有待于全社会经济、政治、文化等方面的整体进步与发展。例如：在现实的中国，北京、上海等城市的青少年能够享受到更好的生活、教育条件与文化环境，而中西部地区，特别是农村的青少年，各方面的条件相应就差得多З这是客观存在的一种现象，我们不能忽视，因此我们说"人人平等"不是绝对的，而是相对的。

（三）建设社会主义法治国家

党的十七大报告指出，"坚持依法治国基本方略，树立社会主义法治理念"，"深入开展法制宣传教育，弘扬法治精神，形成自觉守法用法的社会氛围"。这标志着中国特色民主法治建设在继党的十五大提出"依法治国"之后将走入一个新时代。

1. 依法治国的科学内涵

党的十五大报告提出："依法治国，就是广大人民群众在党的领导下，依照宪法和法律规定，通过各种途径和形式管理国家事务，管理经济文化事业，管理社会事务，保证国家各项工作都依法进行，逐步实现社会主义民主的制度化、法律化，使这种制度和法律不因领导人的改变而改变，不因领导人看法和注意力的改变而改变。依法治国，是党领导人民治理国家的基本方略，是发展社会主义市场经济的客观需要，是社会文明进步的重要标志，是国家长治久安的重要保障。"这就是对依法治国的科学内涵所做出的全面系统的阐述。

依法治国具体包括以下含义：依法治国的主体是党领导下的广大人民群众。我国的一切权力属于人民，人民群众理应是治理国家的主体。中国共产党的领导核心地位是历史形成的，是中国现代历史发展和中国人民长期选择的必然结果。党的领导在中国革命和建设的过程之中，始终是最为重要和核心的力量。因此，在推进依法治国的过程中必须坚持党的领导。依法治国的对象是国家事务、经济文化事业和社会事务。依法治国的依据是宪法和法律。治理国家必须严格按照体现人民意志、集中群众智慧和反映客观规律的宪法和法律来进行。依法治国的目的是保证国家各项工作都依法进行，逐步实现社会主义民主的制度化、法律化，实现国家政治生活、经济生活、文化生活和社会生活的法制化。

依法治国是邓小平理论的内在要求和合乎逻辑的发展，是对马克思主义的丰富。提出并实行依法治国，使我国社会主义民主法制建设发展到一个新的阶段。"依法治国，建设社会主义法治国家"，不仅有与社会主义民主相联系的含义，而且将严格依法治理国家和依法办事等含义也包含其中。这是我们在社会主义民主法制建设的理论和实践方面的重大发展^

依法治国作为一场伟大的实践，在社会主义的历史上是空前的，表明了我国治国方式的重大转变，即执政党在执政方面和政府在国家权力运作方式上的重大转变。依法治国,是中国共产党领导人民治理国家的基本方略,是国家长治久安的重要保障。将"依法治国,建设社会主义法治国家"写入宪法,对于坚持依法治国的基本方略,不断健全社会主义法制,发展社会主义民主政治,促进经济体制改革和经济建设,具有重要的意义。

2.建设社会主义法治国家的任务

建设社会主义法治国家,一要完善中国特色社会主义法律体系,要做到有法可依,这是一个基本的前提,也是我们建设中国特色社会主义国家的保障。

二要提高党依法执政的水平。依法执政是在新的历史条件下党执政的基本方式,主要体现在四个方面:一是要加强党对立法工作的领导,善于使党的主张通过法定程序成为国家意志。就是说,党的主张要作为建议提交给全国人大及其常委会,让国家权力机关通过立法程序使它变为国家意志。二是全党同志,特别是领导干部要牢固。对立法制观念,坚持在宪法和法律的范围内活动,带头维护宪法和法律的权威,要领导立法,要带头守法。三是督促、支持和保证国家机关依法行使职权,在法治轨道上推动各种工作的开展,保障公民和法人的合法权益。四是加强和改进党对政法工作的领导,支持审判机关和检察机关依法独立公正地行使审判权和检察权。

三要建设社会主义法治政府。根据国务院2004年发布的《全面推进依法行政实施纲要》提出的经过十年左右坚持不懈的努力基本实现建设法治政府的目标,温家宝同志要求各级政府要围绕这个目标,全面贯彻落实依法行政实施纲要。第一,切实加强制度建设,做好政府立法工作。在继续加强经济调节、市场监督方面的立法的同时,更加重视社会管理、公共服务方面的立法,高度重视人民群众关注的热点、难点问题的立法。政府立法工作要坚持党的领导,坚持以人为本。这些年政府很多的立法工作都注重了这一点,坚持改革创新,坚持法制统一。第二,加强和改善行政执法。法律运行的一个环节就是行政执法。建设法治政府就要加强和改善行政执法,确保法律法规正确实施,因为我们国家大部分的法律法规都是需要政府来执行的,严格按照法定权限和程序行使职权,履行职责,既不能失职不作为,又不能越权乱作为。第三,完善行政监督机制,加强对行政权力的监督制约。这个行政监督机制有专门的行政机关,比如审计机关,还有行政监督机关等等。要完善这些监督机制,加强对行政机关的监督制约。这是关于建设法治政府,按照这个《全面推进依法行政实施纲要》要求,国家政府应该努力做到的。

四要健全司法体制与制度。在建设社会主义法治国家的任务中,很重要的一部分就是健全司法体制与制度。要完善司法体制,必须要做到司法公正,违法必究,实事求是,有错必改,保障在全社会实现公平和正义。首先必须以政治体制改革为先导,就是说司法体制改革不是孤立进行的,必须与政治体制改革同步进行,必须服从服务于党和国家政治建设与政治体制改革的大局。其次是必须有利于加强党对司法工作的统一领导。中国共产党是执政党,它不仅仅是对国家权力机关、国家行政机关要行使领导权,它还要对司法机关行使领导权。再次是必须有利于巩固和完善我国的根本政治制度——人民代表大会制度,有利于加强人大及其常委会对司法机关的法律监督。因为人大常委会是国家的权力机关,它有权监督司法机关的工作。最后必须有利于充分发挥司法机关的职能作用,依法独立公正地行使司法权力,维护法律尊严和司法统一,实现司法公正与效率,保障社会公平与正义和国家的长治久安。这是关于司法体制改革的问题。

五要完善权力制约与监督机制。第一是国家权力机关的监督职能。全国人大和地方各级人大对一府两院的监督,对政府、法院、检察院的监督要经常化、制度化。第二是要充分发挥检察机关作为国家法律监督机关的作用,切实保障检察机关对行政机关与人民法院的法律监督权。第三,进一步完善行政机关的内部监督机制,切实发挥行政监察机关、审计机关的监督职能。第四是高度重视、大力完善社会监督体系与制度,包括党的监督、人民政协的监督、人民群众的监督以及新闻舆论的监督等。

六要培植社会主义法律新型文化。这是建设社会主义法治国家过程中一项非常重要的任务。社会主义新型法律文化的培植最重要的任务是传播和弘扬社会主义民主法治精神,同时要树立社会主义法制理念。社会主义法制理念包括五项内容:依法治国,执法为民,公平正义,服务大局,党的领导,社会主义法制理念的提出是我们党的一项重大决策。

第二节　增强国家安全意识

一、确立新的国家安全观

（一）国家安全的含义

国家安全一般是指一个国家不受内部和外部的威胁、破坏而保持稳定有序的状态。

传统的国家安全观将国家安全理解为政治安全和国防安全,即主权独立、领土完整、政治稳定等。随着国际环境的巨大变化和科技革命的深入发展,在国际局势总体趋势趋于缓和的情况下,国家安全仍然面对越来越多的威胁和挑战,影响国家安全的因素也越来越多样化和不确定化。传统安全威胁和非传统安全威胁的因素相互交织,恐怖主义危害上升;霸权主义和强权政治有新的表现;民族、宗教矛盾和边界、领土争端导致的局部冲突时起时伏。在这种新的形势下,我们要树立新的国家安全观。

（二）新的国家安全观

新的国家安全观不仅包括传统的政治安全和国防安全,还包括经济安全、科技安全、文化安全、生态安全、社会公共安全等。

政治安全和国防安全是国家安全的支柱和核心。没有政治安全和国防安全,就根本不可能有国家安全。政治安全是指国家的政治制度和政治形势保持稳定,不受国内外敌对势力的破坏和颠覆。国防安全是指国家的领土、领海和领空安全,不受外来军事威胁或侵犯。

经济安全、科技安全、文化安全、生态安全、社会公共安全等是国家安全的重要内容。经济安全是国家安全的基础，是指国民经济能够抗御国内外各种经济风险而保持平稳有序运行的态势，包括金融安全、能源安全、贸易安全、粮食安全等。

科技安全是指国家的科学技术系统能够有效地应付来自内部和外部的威胁，维护和实现国家利益的能力和状态。

文化安全是指一国人民能够独立自主地选择自己的价值观念、文化制度，独立自主地控制和利用自己的文化资源。由于科技发展和经济全球化趋势带来的影响，网络安全、信息安全问题变得非常突出，要保证国家的文化安全，就必须特别重视网络安全和信息安全。

生态安全是指国家所处的自然生态环境能够维系其经济、社会的可持续发展。

社会公共安全是国家预防、控制、处理各种违法犯罪活动和突发灾难事故，以维护社会治安，保障社会正常的工作和生活秩序，保护国家和人民生命财产的安全。社会公共安全不仅包括传统意义上的社会治安，还包括越来越重要的公共卫生安全和食品安全等。

二、掌握国家安全法律知识

法律是维护国家安全的重要手段，我国不仅在宪法、刑法等法律法规中规定了维护国家安全的内容，而且还专门制定了一批维护国家安全的法律法规。公民要承担维护国家安全的责任，就必须了解国家安全法律制度，掌握国家安全法律知识。

（一）国家安全的一般法律制度

《国家安全法》《刑法》等法律法规构成了我国国家安全的一般法律制度。《国家安全法》是维护国家安全的专门法律，规定了国家安全机关在国家安全工作中的职责，以及公民和组织维护国家安全的权利和义务，规定了各类危害国家

安全行为所应承担的法律责任。《刑法》专门规定了危害国家罪，包括背叛国家罪，分裂国家罪，煽动分裂国家罪，武装叛乱暴乱罪，颠覆国家政权罪，煽动颠覆国家政权罪，自主危害国家安全犯罪活动罪，投敌叛变罪，叛逃罪，间谍罪，为境外窃取、刺探、收买、非法提供国家秘密、情报罪，资敌罪等具体罪名。

（二）国防安全法律制度

我国国防安全法律制度主要由《国防法》《反分裂国家法》《兵役法》《军事设施保护法》《出境入境边防检查条例》等法律法规构成。《国防法》是维护国防安全的专门法律，规定了国家机构的国防职权，武装力量，边防、海防和空防，国防科研生产和军事订货，国防经费和国防资产，国防教育，国防动员和战争状态，公民、组织的国防义务和权利，军人的义务和权益，对外军事关系等内容。

《反国家分裂法》明确规定了台湾问题的性质，以和平方式实现祖国统一，以非和平

方式及其他必要措施制止"台独"分裂势力分裂国家等内容。

（三）经济安全法律制度

我国目前虽然缺乏有关经济安全的专门立法，但很多经济法律法规都包含了有关国家经济安全的规定，具有维护国家经济安全的功能。例如，涉及外商投资方面的法律，有《中外合资经营企业法》《外商投资企业法》《中外合作经营企业法》等；涉及金融监管方面的法律，有《中国人民银行法》《商业银行法》《证券法》《保险法》等；涉及能源管理方面的法律，有《矿产资源法》《节约能源法》等。我国加入世界贸易组织后，制定、修改了一批与世贸组织相关的法律法规，特别是在外商投资企业法律、对外贸易法律等方面，加强了对国家经济安全的保障。

（四）网络信息安全法律法规

为了维护国家的网络和信息安全，我国制定了《关于维护互联网安全的决定》《计算机信息系统安全保护条例》《互联网信息服务管理办法》《计算机信息网络国际联网安全保护管理办法》，这些法律法规明确规定了利用互联网实施的各种违法行为及其处罚办法。

（五）生态安全法律制度

我国的生态安全法律制度包括两个方面：一部分是我国制定的有关生态安全保障的法律法规，另一部分是我国缔结或参加的有关国际生态安全保护的条约。我国目前已初步形成一个以宪法为核心，包括环境保护、灾害防御、自然资源保护、生物安全保护等方面的法律法规在内的生态安全保障法律制度。我国已经缔结或参加了60多个与环境保护和生态安全有关的国际条约，如《联合国气候变化框架公约》《生物多样性公约》《保护世界文化和自然遗产公约》《濒危野生动植物物种国际贸易公约》《关于环境保护的南极条约议定书》等。

（六）社会公共安全法律制度

为了保证社会治安、公共卫生安全和食品安全，国家制定了《刑法》《治安管理处罚法》《消防法》《食品卫生法》《突发公共卫生事件应急条例》等。2003年国务院公布并实行的《突发公共卫生事件应急条例》，明确规定了处理突发公共卫生事件的组织领导、遵循原则和各项制度、措施，明确了各级政府及有关部门、社会组织和公民在应对突发公共卫生事件中的责任和义务，还明确了违反该条例的法律责任，标志着我国突发公共卫生事件应急处理工作纳入了法制化轨道，突发公共卫生事件应急处理机制得到了进一步完善。

三、履行维护国家安全的义务

作为中华人民共和国公民，我们每个人都必须遵守国家安全法律，履行维护国家安全的法律义务。我国宪法规定了公民维护国家安全的基本义务，《国家安全法》《保守国家秘密法》《国防法》《兵役法》等法律明确规定了公民维护国家安全的各项具体的法律义务。

（一）依照法律服兵役和参加民兵组织的义务

由中国人民解放军、中国人民武装警察部队和民兵构成的武装力量是巩固国防、抵抗侵略、保卫国家的主要力量。公民依照法律服兵役和参加民兵组织是武装力量存在和发展的人员保障。宪法规定，保卫祖国、抵抗侵略是每个公民的责任。依照法律服兵役和参加民兵组织是中华人民共和国公民的光荣义务。《国防法》和《兵役法》等法律都重申了公民的这个义务。

（二）保守国家秘密的义务

国家秘密的泄漏威胁国家安全，因此宪法明确规定，公民有保守国家秘密的义务。《保守国家秘密法》《国家安全法》《国防法》等法律都具体规定了公民保守国家秘密的义务。《国家安全法》规定任何公民和组织都应当保守所知悉的国家安全工作的国家秘密，任何个人或团体都不得非法持有属于国家秘密的文件、资料和其他物品。故意或者过失泄漏有关国家安全工作的国家秘密，将承担相应的行政或刑事法律责任。《国防法》规定，公民和组织应当遵守保密规定，不得泄露国防方面的国家秘密，不得非法持有国防方面的秘密文件、资料和其他秘密物品。

（三）提供便利条件或其他协助的义务

国家开展国防建设和国家安全工作需要得到公民和社会组织的支持或协助。《国防法》规定，公民和组织应当支持国防建设，为武装力量的军事训练、战备勤务、方位作战等活动提供便利条件或者其他协助。《国家安全法》规定，公民和组织应当为国家安全工作提供便利条件或者其他协助；故意妨碍国家安全机关依法执行国家安全任务，造成严重后果的，要承担刑事责任，情节较轻的，要承担行政责任。

（四）如实提供证据的义务

在国家安全机关调查了解有关危害国家安全的情况、收集有关证据时，公民和组织应当如实提供，不得拒绝。危害国家安全方面的犯罪和其他犯罪不同，它侵犯的是国家的安全和根本利益，危害性非常大。如果有关公民和组织知情不报，不提供证据，将会造成严重后果因此，《国家安全法》规定，明知他人有间谍行为，在国家安全机关向其调查有关情况、收集有关证据时，拒绝提供的，依法追究行政或刑事责任。

（五）及时报告危害国家安全行为的义务

公民及时报告危害国家安全的行为，有助于国家机关及早采取措施阻止危害国家安全行为的实施。因此，《国家安全法》规定，公民发现危害国家安全的行为，应当直接或者通过所在组织及时向国家安全机关或者公安机关报告。

（六）不得非法持有、使用专用间谍器材的义务

为防止有人利用专用间谍器材非法窃取国家机密，《国家安全法》规定，任何个人和组织都不得非法持有、使用窃听、窃照等专用间谍器材。对非法持有、使用专用间谍器材的，国家安全机关可以依法对其人身、物品、住处和其他有关的地方进行搜查，并没收非法持有、使用的专用间谍器材。

<table>
<tr><td>第 十 章</td><td># 维护宪法权威</td></tr>
</table>

　　宪法集中体现了统治阶级的意志和根本利益，是一切国家机关、社会组织和所有公民活动的最高依据和标准。没有宪法，也就没有法制。依法治国，首先要以宪治国。宪法能否正确实施，关系到国家的安定进步和社会稳定发展的大局；而宪法正确实施的水平和程度也是衡量我国民主与法制建设水平的尺度。国家的长治久安、社会的发展进步、人民的美满幸福，同宪法的正确实施关系极为密切。为了提高宪法意识，增强宪法观念，自觉遵守宪法，我们必须对我国的宪法有一个全面的认识，维护宪法尊严，保障宪法实施。

第一节　宪法是国家最高法

一、宪法的实质

　　"宪法"一词在古代就已出现，原为组织、确立、结构之意。在我国的古书中、也有"宪"和"宪法"的词语，如"鉴于先王成宪，其永无愆"，"赏善罚奸，国之宪法"。在这里，"宪"和"宪法"则泛指法律、规章、制度。世界上自成文宪法产生以来，已有近200年的历史。在此期间，世界上实施过的和当前实施着的各国宪法，其总数是十分可观的。每一部宪法的历史背景以及具体内容均各有差异。当前，世界各国宪法学界均接受将宪法分为社会主义宪法与资本主义宪法的划分方法。同时，成文宪法与不成文宪法、刚性宪法与柔性宪法等分类方法也被继续沿用＾在当代宪政国家中，绝大多数宪法为成文宪法。世界历史上第一部资产阶级成文宪法——美国宪法，是1787年美国13州代表在费城召开制宪会议通过的。

　　宪法是法的组成部分，它集中反映了各种政治力量的实际对比关系，规定国家的根本任务和根本制度（即社会制度）、国家制度的基本原则、国家政权的组织，以及公民的基本权利和义务等内容。宪法是根本法，具有最高的法律效力。列宁指出，宪法的实质在于：国家的一切基本法律和关于选举代议机关的选举权。

　　以及代议机关的权限等等的法律，都表现了阶级斗争中各种力量的实际对比关系。毛泽东说："一个团体要有一个章程，一个国家也要有一个章程。宪法就是一个总章程，是根本大法。"也就是说，宪法是国家的根本大法，是治理国家的总章程。

二、我国宪法的特征

宪法是法的组成部分，它集中反映了各种政治力量的实际对比关系，规定国家的根本任务和根本制度（即社会制度）、国家制度的基本原则、国家政权的组织，以及公民的基本权利和义务等内容。宪法是根本法，具有最高的法律效力。

法是一个统称，宪法则是其中一门具体的法，其也有法的共同特征。就是说，宪法同刑法、民法、诉讼法等一般法律一样，均代表统治阶级的意志，都是具有国家强制力的行为规范，都是阶级统治的重要工具。但是，宪法不同于一般法律，宪法是国家的根本法，它规定了国家的根本制度和根本任务，具有最高的法律效力，是人们行为的基本法律准则。这主要体现在以下几个方面。

（一）宪法在内容上规定了中国的根本制度

宪法是国家的总章程。我国现行宪法在序言中明确宣告，本宪法规定了国家的根本制度和根本任务。此处所指的不仅仅是国家政体以及人民同政府之间的关系等原则，还包括了国家的阶级本质、经济制度和社会主义精神文明等内容。我国《宪法》第一条规定："中华人民共和国是工人阶级领导的，以工农联盟为基础的人民民主专政的社会主义国家。社会主义制度是中华人民共和国的根本制度。禁止任何组织或者个人破坏社会主义制度。"

（二）宪法集中体现了各种政治力量的对比关系

此处所指的各种政治力量，包括各阶级的阶级力量、各阶级联合的力量、同一阶级内部各种政治力量，以及不同的各种政治派别的联合或者分化后的力量。首先，宪法是阶级斗争取得胜利的那个阶级的意志和利益的集中表现；其次，各种力量的实际对比关系决定并影响着宪法的具体内容；最后，当各种力量的实际对比关系变化时，必然影响宪法的变化。

（三）宪法的效力和修改程序不同于一般法律

宪法的效力高于一般法律，修改程序也较一般法律更为复杂，其精神在于维护宪法的尊严和最高地位。具体表现为以下芒方面：其一，宪法是其他法律的立法基础，法律的制定必须以宪法为根据。其二，宪法具有最高的法律效力。法律不得同宪法相抵触，如有抵触，法律即无效。我国《宪法》第五条规定："一切法律、法规和地方性法规都不得同宪法相抵触。"其三，宪法修改程序不同于一般法律。就我国而言，我国须由全国人大常委会或者 1/5 以上的全国人大代表提议，并经全国人大全体代表的 2/3 以上多数通过，方能修改宪法，而法律及其他议案则只需全体代表的过半数即可通过。

美国宪法的修正案，须经国会两院 2/3 的议员同意，或者应 2/3 的州议会的请求而召开制宪会议才能提出，而且该修正案必须经 3/4 的州议会或 3/4 的州制宪会议批准，才能成为宪法的组成部分,并发生宪法效力。

为了适应我国改革开放的深入和社会主义建设事业的发展,全国人大分别于 1988 年、1993 年、1999 年和 2004 年,以宪法修正案的形式对 1982 年宪法进行了修改和补充,四个宪法修正案共 31 条。通过对宪法进行局部的修改和补充,我国及时地把在经济建设和改革开放中所取得的成果固定下来,有利于保障经济建设和改革开放的顺利进行,有利于建立并完善社会主义市场经济体制,并为各项经济立法提供宪法依据。

三、我国宪法的基本原则

(一)坚持党的领导原则

坚持党的领导原则强调的是宪法制定和实施的方向性问题。法的本质属性在于它的阶级性,宪法更是这样。我国宪法制定和修改的总的指导思想是四项基本原则,也就是坚持社会主义道路、坚持人民民主专政、坚持中国共产党的领导、坚持马列主义毛泽东思想。这四项基本原则是全国各族人民团结前进的共同的政治基础,也是社会主义现代化建设顺利进行的根本保证。宪法以四项基本原则为总的指导思想,四项基本原则贯穿在整个宪法的章节和条文之中,起着主线的作用。坚持四项基本原则关键在于坚持党的领导。在社会主义中国,中国共产党是中国特色社会主义的领导核心,党的领导是人民当家做主的根本保证,因此无论是宪法的制定还是实施,都应当坚持党的领导。只有这样才能保证宪法的社会主义性质,才能保证宪法所规定的公民权利得到充分实现,义务得到切实履行。

(二)人民主权原则

人民主权原则也是我国宪法的一项基本原则《对一个国家来说,主权对内是指国家的最高权力,对外就是指国家间关系上的独立和平等权。人民主权原则强调国家的一切权力属于人民。人民不是一个抽象的、空洞的、完全情感化的字眼,而是一个政治的、历史的概念。在不同的国家和各个国家的不同时期,人民有着不同的具体内涵。在我国抗日战争时期,一切抗日的阶级、阶层和社会集团都属于人民的范围。在解放战争时期,一切反对帝国主义、官僚资产阶级、地主阶级以及代表地主阶级利益的国民党反动派的阶级、阶层和社会集团都属于人民的范围。在社会主义时期,一切赞成、拥护和参加社会主义建设事业的阶级、阶层和社会集团,以及一切拥护祖国统一的人们都属于人民的范围。人民主权原则规定的是宪法最终由谁来制定和监督实施的问题,它强调的是人民当家做主,这也是宪法坚持党的领导的必然要求。因为要想真正坚持党的领导,就必须使宪法的制定实施都能真正贯彻"三个代表"重要思想,尤其是要人民当家做主,要通过民主的途径让人民的根本利益得到实现。宪法在国家制定方面的内容就充分体现了一切权力属于人民的原则。比如,通过确认我国人民民主专政的国体,保障了广大人民群众在国家中的主人翁地位；通过确认人民代表大会的政体，为人民当家做主提供了组织保障；人民代表大会还有最高的立法权、任免权、决定权和监督权；等等。

第二节 宪法规定的基本制度和基本国策

我国宪法规定国家最重要的根本问题，国家制度与基本国策便是其中的重要内容。国家制度包括多方面的内容，主要有国家性质、政权组织形式、国家结构形式等。国家性质是社会各阶级在国家中的地位，是指国家是一个什么性质的国家。

一、我国的国体——人民民主专政制度

国家是阶级矛盾不可调和的产物和表现，是实施阶级统治的重要工具。因此，国家具有强烈的阶级本质。国家所具有的这一本质属性，在马克思主义宪法当中称为国体。国体是国家的阶级性质，就是指社会各阶级在国家中的地位和

作用。国体体现了一定阶级的专政，反映社会各阶级在国家生活中的地位。

我国《宪法》第一条规定："中华人民共和国是工人阶级领导的，以工农联盟为基础的人民民主专政的社会主义国家。"这是宪法对我国国体的明确规定，我国的国家性质是工人阶级领导的，以工农联盟为基础的人民民主专政，实质上即无产阶级专政。

人民民主专政是我国国家性质的核心，是新型民主与新型专政的有机结合。人民民主专政是无产阶级专政理论在中国具体历史条件下的产物，表现为在人民内部实行民主和对敌人实行专政两个主要方面。只有建立在广泛民主基础之上的专政才有力量，也只有在专政保障下的民主才是现实的、有效的。两者不可或缺，否则，专政就是不完全的专政，而民主也将是残缺不全的民主。

（一）工人阶级是人民民主专政的领导力量

工人阶级对国家的领导是我国人民民主专政的根本标志。工人阶级之所以能够成为国家的领导阶级，是由工人阶级的阶级本质和历史使命所决定的。而工人阶级的领导则是通过自己的政党——中国共产党实现的。中国共产党的领导是中国历史发展的必然，是中国人民长期慎重选择的结果。

（二）工农联盟是我国人民民主专政的阶级基础

马克思列宁主义的普遍真理和各国无产阶级的革命斗争实践表明，工人阶级在推翻剥削制度的革命斗争中，必须同广大农民群众结成坚强的联盟。只有这样，才能取得革命的胜利，建立并巩固无产阶级专政的国家政权，最终战胜资产阶级，完成解放全人类的历史使命。因此，工农联盟是无产阶级专政的最高原则。我国是农业大国，农村人口占全国人口的大多数，农业是国民经济的基础，没有农业的现代化，就不是完整的现代化。农村、农业和农民的问题，是我国社会主义现代化极为重要的问题。工人阶级只有得到广大农民的支持，才能实现自己的历史使命；而广大农民只有在工人阶级的领导下，才能

成为国家和社会的主人。随着阶级关系的变化和社会主义现代化建设的发展，我国广大农民已成为社会主义的新式农民，工农联盟更具有坚实的政治基础和物质基础。

（三）爱国统一战线组织和政治协商制度

中国共产党在领导我国人民进行革命斗争和社会主义建设事业中，以马克思主义为指导，创造性地建立了统一战线。统一战线是我国革命和建设中的重要法宝。爱国统一战线是我国人民民主专政的一个特点。我国的统一战线是由中国共产党领导的，有各民主党派和各人民团体参加的，包括全体社会主义劳动者、拥护社会主义的爱国者和拥护祖国统一的爱国者的广泛的政治联盟。爱国统一战线的组织形式是中国人民政治协商会议，它是中国共产党领导的多党合作和政治协商制度的体现。

中国共产党领导的多党合作和政治协商制度是一项具有中国特色的基本政治制度。中国共产党根据"长期共存、互相监督、肝胆相照、荣辱与共"的方针，与各民主党派形成了较为完善的协商与合作制度，成为我国民主制度不可缺少的组成部分。

二、我国的政体——人民代表大会制度

（一）我国的政体

政体是政权的组织形式，就是指统治阶级采取何种原则和方式来组织自己的政权机关，实现自己的统治。我国的政权组织形式为人民代表大会制度，其原则是民主集中制，其形式是一种民主的代表制。就其原则而言，它是社会主义国家普遍实行的制度。现代资产阶级国家的政权组织形式虽然比较复杂，例如有的国家采用总统制，有的国家采用议会内阁制，但概括来说，它们都是资产阶级的政权组织形式。

《宪法》第二条规定："中华人民共和国的一切权力属于人民。人民行使国家权力的机关是全国人民代表大会和地方各级人民代表大会。"

人民代表大会制度是我国的政权组织形式。换句话说，人民代表大会制度又是我国的根本政治制度。这是因为，人民代表大会制度直接反映着我们国家的阶级本质。它体现着我国政治生活的全貌，是国家的其他制度赖以建立的基础，是人民实现国家权力的组织形式。

（二）人民代表大会制度的优越性

第一，保障人民当家做主。从代表的产生来看，各级人民代表是由人民通过普遍选举的方式产生的，人民可以通过各种方式对人民代表进行监督。现在有些地方实行代表的述职制度，人民还可以罢免那些不履行职责的违法乱纪的人民代表。从代表的构成来看，代表们来自于不同的民族、职业，不分性别、文化程度、家庭出身；很多地方还通过设立代表热线电话、代表信箱的方式使人民群众把自己的心声传达到代表那里，开辟了越来越多的渠道；人民代表大会的列席和旁听制度也增大了人民群众对人大的监督力度。

这都充分说明了人民代表大会制度在实践着国家的一切权力属于人民的原则，保障人民当家做主。

第二，人民代表大会制度有利于调动人民群众建设社会主义的积极性、主动性、创造性。正是由于人民代表大会制度能够充分地反映人民的意愿和要求，才激起了人民参与国家政治生活的热情，也正是由于这种制度凝聚和广泛动员了各族人民在中国共产党的领导下以国家主人翁的姿态投身于社会主义现代化建设中去。

第三，人民代表大会制度保证了国家机关的高效运作。人民代表大会制度的优点还在于议行合一的政权组织体制，这种制度便于集中统一地行使国家权力。人民代表大会在做出政治决策之后，赋予政府、检察院、人民法院以不同的权力，由它们具体开展行政和司法的工作，进行社会管理，由人民代表大会负责具体实施监督。

第四，人民代表大会还有利于维护国家的统一和民族团结。人民代表大会使中央和地方的职权得到合理划分，有利于在中央的统一领导下充分发挥中央和地方的积极性。通过人民代表大会实行民族区域自治，有利于发展平等、团结、互助的社会主义民族关系，实现民族团结。现在人民代表大会代表中包括了一定数量的少数民族代表、特别行政区代表、台湾代表，地方各级人大代表中也包含了一定数量的少数民族代表，这就保证了他们参与国家管理的权利。

三、我国的经济制度

经济制度是指经济基础或经济结构，它是人类社会在一定历史发展阶段上占统治地位的生产关系的总和。它的主要内容包括生产资料归谁占有、人们在生产过程中所形成的人与人之间的关系和劳动产品分配方式等几个方面。其中，生产资料的所有制是决定性的因素，决定着经济制度的性质，由此也就决定了国家的阶级性质。我国宪法第六条（2004 年宪法修正案）规定："中华人民共和国的社会主义经济制度的基础是生产资料的社会主义公有制，即全民所有制和劳动群众集体所有制。社会主义公有制消灭人剥削人的制度，实行各尽所能、按劳分配的原则。"宪法第十五条又规定："国家实行社会主义市场经济。"

（一）社会主义公有制——我国社会主义经济制度的基础

我国宪法规定："中华人民共和国的社会主义经济制度和基础是生产资料的社会主义公有制，即全民所有制和劳动群众集体所有制。"生产资料和社会主义公有制决定了我国经济制度的本质特征，保障了工人阶级实现对国家的领导和工农联盟的基础。上述两种公有制形式共同构成了我国社会主义经济制度的基础，从根本上决定了我国经济的社会性质。

（二）非公有制经济——我国经济结构的重要成分和社会主义市场经济的重要组成部分

我国的社会主义经济建设虽然取得了辉煌的成绩，但是我国仍处于社会主义初级阶段，经济文化和生产力水平还比较低，所以在坚持以社会主义公有制经济为主体的前提下，还将允许作为我国经济结构的重要成分的非公有制经济的长期存在和发展。非公有制经济就其社会属性来说，当然不是社会主义性质的，但是在法律规定范围内的个体经济、私营经济等非公有制经济，作为我国平等的市场经济主体，是社会主义市场经济的重要组成部分。我国宪法第十一条规定："在法律规定范围内的个体经济、私营经济等非公有制经济，是社会主义市场经济的重要组成部分。国家保护个体经济、私有经济等非公有制经济的合法的权利和利益。国家对个体经济、私营经济实行引导、监督和管理。"

（三）以按劳分配为主体、多种分配方式并存的分配制度

物质资料的生产方式决定其分配方式，即生产决定分配。但是，分配方式又对生产方式产生重大影响。社会主义制度的确立标志着作为社会基本制度的剥削制度和作为完整阶级的剥削制度的消灭，生产资料社会主义公有制是我国社会主义经济制度的基础，同时允许其他经济成分的存在和发展，这就决定了我国社会主义初级阶段的分配制度，不可能是单一的，而是以按劳分配为主体、多种分配方式并存的分配制度。

四、中国共产党领导的多党合作和政治协商制度

共产党领导的多党合作和政治协商制度是中国特色的政党制度。中国共产党领导的多党合作，即中国共产党居于国家政权的领导地位，是社会主义事业的领导核心，是执政党。各民主党派是各自所联系的一部分社会主义劳动者和一部分拥护社会主义的爱国者的政治联盟，是接受中国共产党领导的，同中国共产党通力合作，共同致力于社会主义事业的亲密友党，是参政党。长期以来中国共产党一直坚持"长期共存、互相监督、肝胆相照、荣辱与共"的方针处理与各民主党派的关系。中国共产党领导的多党合作和政治协商制度是历史的选择、人民的选择。中国人民政治协商会议通常我们简称为人民政协，它是中国共产党把马克思主义统一战线理论、政党理论同中国具体实践相结合的伟大创造，是中国共产党领导的多党合作和政治协商的重要机构，是我国开展社会主义民主政治生活的重要形式，也是我国爱国主义统一战线的重要组织形式。政治协商是党和国家实行科学民主决策的重要环节。按照章程的规定，各级政协每年召开一次全体会议，政协会议在每年全国和地方各级人民代表大会召开的前些日子召开，与人大会议并称为"两会"，它是最集中体现各民主党派参政议政的一种形式。

五、民族区域自治制度

民族区域自治制度涉及国家结构形式问题。国家结构形式问题是指特定国家的统

治阶级根据一定原则采取一定形式来划分国家行政单位，调整国家整体和组成部分的关系。一般说来，现代国家结构的形式主要有单一制和复合制两大类。单一制国家是指若干不享有国家主权的一般行政区域单位组成的国家，全国只有一部宪法、一个中央政府、一个最高立法机关，各个自治单位都受中央的统一领导。现在世界上多数国家在国家结构形式上都是单一制国家。

我国自秦汉以来一直是一个统一的中央集权国家，也一直是一个以汉族为主的多民族统一的国家；我国各少数民族地区的经济政治发展比较落后，要想发展必须由中央集中统一力量予以支持。从这些方面来看，实行单一制国家组织形式是我国的必然选择。所以，我国宪法序言规定：中华人民共和国是全国各族人民共同缔造的统一的多民族国家。我国是一个单一制国家，为了保障各少数民族的利益，促进各民族共同发展，宪法还规定各民族自治地方享有广泛的自治权，它指出各少数民族聚居的地方实行民族区域自治，设立自治机关，行使自治权。各民族自治地方都是中华人民共和国不可分离的部分。

民族区域自治制度的具体内容是：在中华人民共和国领域内，在国家的统一领导下，以少数民族聚居区为基础，建立民族自治地方，设立自治机关行使自治权，这是实行民族区域自治地方的少数民族实现当家做主，管理本民族内部地方性事务的权利。民族区域自治制度是为了我国解决民族问题、处理民族关系，实现民族平等、民族团结、各民族共同繁荣而建立的基本政治制度，它充分体现了我国尊重和保障各少数民族管理本民族内部事务的精神，促进和巩固了社会主义民族关系的巩固和发展，促进了少数民族地区政治经济文化发展，也促进了国家的团结和统一。.

六、规定基本国策

基本国策是立国、治国之策当中最基本的政策，是与国计民生关系最大的政策。我国宪法明确规定的基本国策有：计划生育；男女平等；十分珍惜、合理利用土地和切实保护耕地；对外开放；环境保护；水土保持；节约资源。宪法序言（1993年修正案）规定："我国正处于社会主义初级阶段"，"坚持改革开放"。宪法第三十一条还规定："国家在必要时设立特别行政区。在特别行政区实行的制度按照具体情况由全国人民代表大会以法律规定。"从而确定了对港澳台实行"一国两制"的基本国策。再比如，我国的"宗教信仰自由"政策等。

第三节　宪法规定和保障基本人权

一、公民与公民权

（一）公民、公民权与人权

公民是指具有一个国家的国籍，按照该国宪法和法律的规定，享有权利和承担义务的自然人。"公民"这个称谓在我国宪法中也有其变化过程。在新中国成立初期,我国曾经将"国民"作为"公民"的同义词使用过,如《中国人民政治协商会议共同纲领》中使用的是"国民"的称谓。从1953年《中华人民共和国全国人民代表大会和地方各级人民代表大会选举法》开始,才用"公民"取代了"国民"的称谓。1982年宪法对"公民"这一概念的内涵做出了明确的规定:"凡具有中华人民共和国国籍的人都是中华人民共和国公民。"

公民与人民是两个不同的概念,主要区别在于:"公民"主要是一个法律概念,而"人民"主要是一个政治概念;"公民"可以同外国人和法人(组织)相区别,而"人民"则与"敌人"对称;"公民"的范围比"人民"的范围更加广泛,公民中除包括人民外,还包括具有中国国籍的人民的"敌人";"公民"一般是表示个体的概念,而"人民"则是表示集合或群体概念;"人民"的概念在不同的国家和不同的历史时期其内涵是不同的,它是一个历史的、变化的概念,而"公民"的内涵则是相对稳定的。

公民权是指一国公民在法律上所具有的一种能力或资格,是国家规定的本国公民在国家和社会中所处地位的法律表现。公民的基本权利和义务是由资产阶级最先以宪法的形式确认的。资产阶级把公民基本权利称为资产阶级宪法的核心内容。

人权是指作为一个人应当享有和实际享有的权利;公民权则是人权的法律表现形式,是宪法和法律所规定的本国公民所享有的权利。两者之间的区别主要在于:人权是人性反对神性的产物,公民权是国家和法律规定的;人权应然成分多,公民权实然成分多;人权有个人人权和集体人权,公民权只有个人权利;人权有国内和国际两个方面,公民权只有国内一个方面。人权作为一个人生来就应当享有的一种自然性质的权利,起初是资产阶级反对封建专制和宗教特权而提出来的一个口号。世界上第一个把人权提到纲领性文件和根本法地位的是1776年美国的《独立宣言》,马克思称它为"第一个人权宣言"。人权既不是天赋的,也不是某些人恩赐的,而是一定历史时期社会关系的产物。我国无产阶级和劳动人民的人权是在中国共产党的领导之下经过长期的艰苦奋斗争取来的。

(二)公民的基本权利和义务的概念

公民在国家中的地位和相互关系,反映在法律上,就是公民依照法律享有权利并履行义务。

公民的基本权利和义务,是指由宪法规定的公民享有的最主要的权利和履行的最主要的义务,又称宪法权利和宪法义务。宪法规定的公民的基本权利和义务,对国家和公民来说,都是必不可少的,同时它也是构成普通法律规定的公民的权利和义务的基础和原则。它同公民的一般的权利和义务相比,具有以下特征:第一,它决定着公民在国家中的法律地位;第二,它是公民在社会和国家生活中最主要、最根本和不可缺少的权利和义务;第三,它能派生出公民的一般权利和义务;第四,它具有稳定性和排他性,与公民资格不可分，与公民的法律平等地位不可分。我国现行宪法在第二章中全面系统地规定了公民的基本权利和义务。2004 年的第四次宪法修正案又明确规定了"国家尊重和保障人权"。

二、公民的基本权利

我国宪法根据社会主义民主和法制原则，对公民的基本权利做出了明确的规定。归纳起来，可分为平等权利、政治权利和自由、宗教信仰自由、人身自由权利、社会经济权利、获得救济的权利等。

（一）平等权利

公民在法律面前一律平等，是我国公民的一项基本权利，也是社会主义的一个基本原则。

第一次系统规定了"法律面前人人平等"这一原则的是 1789 年法国《人权与公民权利宣言》，它规定了法律对于所有的人，无论是施行保护或处罚都是一样的。在法律面前，所有的公民都是平等的，故他们都能平等地按其能力担任一切官职、公共职位与职务，除德行和才能上的差别外不得有其他差别。

从法律上讲，公民的平等权主要包括以下内容：所有公民平等地享有宪法和法律规定的权利；所有的公民都平等地履行宪法和法律规定的义务；国家机关在适用法律时，对于所有公民的保护和惩罚都是平等的，不得因人而异；任何组织或者个人都不得享有超越宪法和法律的特权。对于公民在法律面前一律平等这一原则，我国宪法的诸多条款均做出了具体的规定，它们共同构成了我国现行宪法有关平等权的完整内容。

宪法第五条规定："任何组织或者个人都不得有超越宪法和法律的特权。"第四条规定："中华人民共和国各民族一律平等。"第三十四条规定："中华人民共和国年满 18 周岁的公民，不分民族、种族、性别、职业、家庭出身、宗教信仰、教育程度、财产状况、居住期限，都有选择权与被选举权；但是依照法律被剥夺政治权利的人除外。"第三十六条规定："任何国家机关、社会团体和个人不得强制公民信仰宗教或者不信仰宗教，不得歧视信仰宗教的公民和不信仰宗教的公民。"第四十八条规定："中华人民共和国妇女在政治的、经济的、文化的、社会的和家庭的生活等各方面享有同男子平等的权利。"

（二）政治权利和自由

政治权利又称为参政权，是人们参与政治活动的一切权利和自由的总称。政治权利和自由是指公民依法享有的参加国家政治生活方面的权利和自由。具体包括两方面的内容。

1. 选举议和被选举权

我国《刑法》第五十四条规定："剥夺政治权利是剥夺下列权利：选举权和被选举权；

言论、出版、集会、结社、游行、示威自由的权利；担任国家机关职务的权利；担任国有公司、企业、事业单位和人民团体领导职务的权利。"

选举权是指选民依法选举代议机关和特定国家公职人员的权利。被选举权是指选民被选举为代议机关代表和特定国家公职人员的权利。在我国，凡年满18周岁的公民，不分民族、种族、性别、职业、家庭出身、宗教信仰、教育程度、财产状况、居住期限，都有选举权和被选举权，但是依照法律被剥夺政治权利的人除外。

2. 政治自由

政治自由包括言论、出版、集会、结社、游行、示威的自由。

言论自由是公民对于政治和社会的各项问题，有通过语言方式表达其思想和见解的自由。言论自由在公民的各项自由权利中居于首要的地位。从某种意义上来说，一个国家言论自由的程度从一个侧面反映了这个国家的民主化程度。

出版自由是指公民通过公开发行的出版物来自由地表达自己对国家事务、经济和文化事业、社会事务的见解和看法《出版自由作为公民的一项基本权利，既是交流思想和见解的手段，也是进行思想教育和促进科学文化事业发展的一种手段。为了保障公民的出版自由，新中国成立初期，中央人民政府政务院就公布了《管理书刊、出版业、印刷业、发行业暂行条例》《期刊登记暂行办法》。1990年9月7日，全国人大常委会又公布了《中华人民共和国著作权法》（自1991年6月1日起实施）。

集会自由是公民有为共同的目的，临时集结在一定场所，讨论问题或表达意愿的自由。集会自由是言论自由的延伸和扩展。通过集会可以扩大言论的影响，在集会时经过讨论，可使有关问题深刻化、条理化，从而能更好地实现言论自由所要达到的目的。

结社自由是指公民为一定宗旨，依照法定程序组织或参加具有持续性的社会团体的自由。在我国，凡符合宪法和法律的规定，并履行一定的法律程序而组成的社会团体，都受到国家的保护。

游行自由是公民有在公共道路或露天场所以集会、游行、静坐等方式表达其强烈意愿的自由。

示威自由是公民为了表示其强烈意愿而聚集在一起，以显示决心和力量的自由。

为了更好地保障公民行使集会、游行、示威的自由权利，维护社会安定团结，保证社会主义现代化建设的顺利进行，1983年10月31日，第七届全国人大常委会通过并公布了《集会游行示威法》。

公民在行使言论、出版、集会、结社、游行、示威的权利和自由时不是绝对的，必须在法律规定的范围内进行。任何将自由绝对化的做法都是错误的，必将造成社会混乱，甚至会被一些别有用心的人所利用，对此我们一定要保持清醒的头脑。

除了宪法的原则规定以外，为落实这些基本权利，我国的法律和法规还做出了具体和详细的规定。

（三）宗教信仰自由

宪法规定我国公民有宗教信仰的自由，也有不信仰宗教的自由。任何国家机关、社会团体和个人都不得强制公民信仰宗教或不信仰宗教，不得歧视信仰宗教的公民和不信仰宗教的公民。国家保护正常的宗教活动。任何人不得利用宗教进行破坏社会秩序、损害公民身体健康、妨碍国家教育制度的活动。宪法规定："中华人民共和国公民有宗教信仰的自由。"

宗教信仰自由的基本含义是：公民有信仰宗教和不信仰宗教的自由；有信仰这种宗教的自由，也有信仰那种宗教的自由；在同一宗教中，有信仰这个教派的自由，也有信仰那个教派的自由；有过去信教而现在不信教的自由，也有过去不信教而现在信教的自由。

（四）人身自由

公民的人身自由也是公民最重要的基本权利之一。人身自由，是指公民的人身（包括肉体和精神）不受非法限制、搜查、拘留和逮捕。广义的人身自由除了包括公民的人身自由不受侵犯外，还包括与人身自由相连的人格尊严和公民住宅不受侵犯，公民的通信自由和通信秘密受法律保护，以及公民的宗教信仰自由。公民的人身自由，是公民参加各种社会活动，参加国家政治生活和享受其他权利自由的先决条件。公民一旦失去了人身自由，其他权利自由也就无从谈起。因此，人身自由是公民最基本、最起码的权利。

我国宪法的许多条款对人身权利作了严格和详细的规定，从而为公民人身权提供了最高的法律保障。宪法规定："中华人民共和国公民的人身自由不受侵犯。"

（五）社会经济权利

公民的社会经济权利是指公民享有的经济生活和物质利益方面的权利，是公民实现其他权利的前提条件和物质基础。我国宪法规定的公民的社会经济权利主要包括公民的财产权、继承权、劳动权、休息权、物质帮助权和离退休人员的生活保障权。

（六）教育、科学、文化权利和自由

我国宪法规定了公民有受教育的权利和义务《国家也采取各种措施，发展各种教育事业。国家制定了关于教育方面的一系列活动，并且提出实施"科教兴国"的战略。

宪法规定了公民有进行科学研究、文学艺术创作和其他文化生活的自由。在发展科学和艺术事业方面，规定了"为人民服务，为社会主义服务"的方向；对于公民有益于人民的创造性工作，国家给予鼓励和帮助。

（七）特定人的权利

我国宪法除了对一切公民所应普遍享有的权利和自由做出全面的规定外，还对具有特定情况的公民设置专门的法律条文，给予特别的保护。宪法的这类规定鲜明地体现了社会主义制度的优越性。所谓特定人，在此包括妇女、母亲、儿童、老人、离退休人员、烈

军属、华侨、归侨和侨眷在内的人员。其权利包括：妇女、婚姻、家庭、母亲、儿童和老人受国家保护；保障离退休人员和烈军属的权利；保护华侨、归侨和侨眷的正当权益。

为了防止国家机关侵犯公民的基本权利，我国制定了国家机构的组织法、行政处罚法、行政复议法、行政诉讼法和国家赔偿法等法律，用以明确国家权力分工，落实国家机构责任，确保公民的基本权利得以实现。

三、我国公民的基本义务

我国是社会主义国家，人民是国家的主人，国家和人民在根本利益上是一致的。人民是国家力量的源泉。国家的富强昌盛又是人民享有权利和自由的前提和保证。因此，公民在依法享有各项权利和自由的同时，还必须履行各项法定的义务，这是维护公民切身利益的需要，也是推进社会主义事业发展，更好地把我国建设成为现代社会主义强国，逐步改善人民的物质文化生活的需要。

公民的基本义务是国家对公民最重要、最基本的法律要求，是公民必须履行的最低限度的也是最主要的责任。我国公民的基本义务主要包括以下几个方面：维护祖国的统一和各民族的团结；遵守宪法和法律，保守国家秘密，爱护公共财产，遵守劳动纪律，遵守公共秩序，尊重社会公德；维护社会的安全、荣誉和利益；保卫祖国、依法服兵役和参加民兵组织；依法纳税。

四、我国公民基本权利和义务的特点

（一）公民的权利和义务的平等性

宪法规定体现了公民在法律面前一律平等的原则。我国公民在享有宪法规定的权利上和在履行宪法规定的义务上都一律平等。不允许有任何公民享有权利而不履行义务的现象存在，也不允许有任何公民只履行义务而不享有权利的现象发生。

（二）公民权利和自由的广泛性

享有权利和自由的主体非常广泛。同时，公民享有的权利和自由的范围非常广泛。

（三）公民权利和自由的现实性

我国宪法对公民基本权利和自由的规定是从我国的国情，即从我国的政治、经济、文化和社会实际出发的，是可能性和必要性的有机结合。同时，宪法对公民基本权利和自由的规定是既有法律规定又有物质保障的，因而是具有现实性的。

（四）公民权利和义务的统一性

我国宪法规定，任何公民享有宪法和法律规定的权利，同时必须履行宪法和法律规定的义务权利和义务是相辅相成、互相制约的。公民的权利实现越有保障，公民义务的履行就越有可能；公民越自觉履行义务，则公民权利就越有保障。两者互为因果。宪法

第兰十三条规定："任何公民享有宪法和法律规定的权利,同时必须履行宪法和法律规定的义务。"

第四节　宪法规定国家权力的运行

规定国家权力的运行,是宪法的一个重要内容,也是保障公民基本权利的一个重要方面。宪法是以规定行使国家权力的国家机构设置、明确相应职权和相互关系的方式来规范国家权力的。国家机构是统治阶级建立的国家机关的总和,其本质取决于国家的本质。我国是工人阶级领导的、以工农联盟为基础的人民民主专政的社会主义国家,这就决定了我国的国家机构必然是社会主义性质的,是在人民内部实行民主和对敌人实行专政的。宪法和法律规定,我国国家机构在组织和活动中必须遵循民主集中制原则、社会主义法制原则、责任制原则、精简和效益原则、联系群众原则和为人民服务的原则。

我国的国家机关体系由中央国家机关和地方国家机关构成。

一、中央国家机关

中央国家机关有全国人民代表大会及其常务委员会、国家主席、国务院、中央军事委员会、最局人民法院、最尚人民检察院。

（一）全国人民代表大会及其常务委员会

全国人民代表大会是我国的最高权力机关,也是国家的立法机关,在我国国家机构体系中居于首要的、最高的地位。它由省、自治区、直辖市的人民代表大会选举出的代表组成,每届任期5年。根据现行宪法的规定,其职权主要包括:修改宪法,监督宪法实施;制定和修改基本法律;选举、决定和罢免有关国家机关的重要领导人;决定国家重大问题;监督由其产生的其他国家机关的工作及应当由最高国家权力机关行使的其他职权等。

全国人民代表大会常务委员会是全国人民代表大会的常设机关,也是行使国家立法权的机关,在全国人民代表大会闭会期间行使国家最高权力。它对全国人民代表大会负责并报告工作,受全国人民代表大会的监督。根据现行宪法规定,其职权主要包括:解释宪法,监督宪法的实施;根据宪法规定的范围行使立法权;解释法律;审查和监督行政法规、地方性法规的合宪性和合法性;对国民经济和社会发展计划以及国家预算部分调整方案的审批权;监督国家机关的工作;决定、任免国家机关领导人员;国家生活中其他重要事项的决定权。

（二）国家主席

中华人民共和国主席是中华人民共和国国家机构的重要组成部分,属于我国最高国家权力机关的范畴。中华人民共和国主席不是掌握一个国家权力的个人,而是一种国家机关。中华人民共和国主席同全国人民代表大会常务委员会结合行使国家元首的职权,对外代表国家国家主席、副主席由全国人民代表大会选举产生。根据宪法规定,有选举权和被选举权的年满 45 周岁的中华人民共和国公民,可以当选为国家主席、副主席。国家主席的职权主要有:对外代表国家,对内提名国务院总理人选,根据最高国家权力机关的决定任免政府领导人员和驻外全权代表,授予国家级勋章和荣誉称号,公布法律,发布命令以及外交权和荣典权等。

（三）国务院

中华人民共和国国务院,即中央人民政府,是最高国家权力机关的执行机关,是最高国家行政机关,在全国行政机关系统中居最高地位。它对全国人大及其常委会负责并报告工作。

国务院由总理、副总理若干人,国务委员若干人,各部部长,各委员会主任,审计长,秘书长组成。国务院实行总理负责制,各部、各委员会实行部长、委员会主任负责制。国务院的每届任期5年,总理、副总理、国务委员连续任职不得超过两届。国务院的职权是:行政法规的制定和发布权;行政措施的规定权;提出议案权;对所属部委和地方各级行政机关的领导权及管理权;对国防、民政、文教、经济等各项工作的领导和管理权;行政人员的任免、奖惩权;最高国家权力机关授予的其他职权。

（四）中央军事委员会

中央军事委员会领导全国武装力量,是全国武装力量的最高领导机关,中央军事委员会由主席、副主席若干人、委员若干人组成。中央军委主席由全国人民代表大会选举产生,副主席、委员由主席提名,全国人大或全国人大常委会决定。中央军事委员会每届任期为5年,实行主席负责制,军委主席对全国人大及其常委会负责。

（五）最高人民法院

最高人民法院是我国的最高审判机关,是我国中央机构的有机组成部分,依法独立行使审判权。它监督地方各级人民法院和专门人民法院的审判工作,对全国人民代表大会及其常务委员会负责。

（六）最局人民检察院

最高人民检察院是国家的最高法律监督机关,依照法律独立行使检察权,不受行政机关、社会团体和个人的干涉。它领导地方各级人民检察院和专门人民检察院的工作,对全国人民代表大会及其常务委员会负责。

二、地方国家机关

（一）地方各级人民代表大会和地方各级人民政府

地方各级人民代表大会是省、自治区、直辖市、自治州、自治县、市、市辖区、乡、民族乡和镇设立的人民代表大会的统称。地方各级人民代表大会是地方国家权力机关。

全国、省、自治区、直辖市、设区的市的人民代表大会代表，由下一级的人民代表大会选举，并接受原选举单位的监督。不设区的市、市辖区、县、自治区县、乡、民族乡、镇的人民代表大会代表，由选民直接选举，受选民监督。全国各族人民代表大会的代表每届任期5年。地方各级人民代表大会的职权是：保证宪法、法律、行政法规和上级人大及其常委会决议的遵守和执行；决定重大的地方性事务；选举和罢免本级国家机关的负责人；行使对本级人大常委会、人民政府、人民法院和人民检察院的监督权；在职权范围内通过和发布决议；省、自治区、直辖市和较大的市的人民代表大会可以制定和颁布地方性法规等。

地方各级人民政府是地方各级人民代表大会的执行机关，是地方各级国家行政机关。它既对本级人大及其常委会负责并报告工作，同时对上一级国家行政机关负责并报告工作。地方各级人民政府实行首长负责制，每届的任期与本级人大任期相同。地方各级人民政府的职权是：执行本级权力机关的决议和上级行政机关的决定和命令，发布决定和命令以及其他行政性规范；管理有关政治、经济、文化等方面的行政工作；依法保护和保障公民各方面的权利；上级地方各级人民政府领导并监督其下属工作部门和下级人民政府的工作，任免、考核、奖励行政机关工作人员；办理上级人民政府交办的其他事项等。

（二）民族自治地方的自治机关

民族自治地方的自治机关是自治区、自治州、自治县的人民代表大会和人民政府，它是民族自治地方行使自治权的国家机关。民族自治地方的自治机关实行民主集中制的人民代表大会制。我国宪法和法律规定，自治区、自治州、自治县的人民代表大会常务委员会应当由实行区域自治的民族的公民担任主任或副主任。自治区主席、自治州州长、自治县县长由实行区域自治的民族的公民担任民族自治地方自治机关除行使一般地方国家机关的职权外，还可以依法行使自治权。自治权包括根据本地区的实际情况，贯彻执行国家的法律和政策，如果上级国家机关的决议和命令不适合本地情况，经上级国家机关批准，可以变通或停止执行；制定自治条例和单行条例；管理地方财政；自主安排和管理本地方的经济建设事业和科教文卫事业；等等。

参考文献

[1] 罗国杰．思想道德修养 [M]．北京：高等教育出版社，2008．

[2] 罗国杰．人生的理论和实践 [M]．北京：中国人民大学出版社，2018．

[3] 陈秉公．思想道德修养 [M]．北京：高等教育出版社，2015．

[4] 樊富珉．大学生心理健康与发展 [M]．北京：清华大学出版社，2009．

[5] 冯天瑜，张艳果．和谐融通 [M]．武汉：武汉大学出版社，2016．

[6] 刘翰德，刘忠效．思想道德修养 [M]．北京：教育科学出版社，2015．

[7] 罗国杰．当代中国职业道德建设 [M]．北京：企业管理出版社，2014．

[8] 孔庆祥．思想品德与职业道德教程 [M]．沈阳：东北大学出版社，2011．

[9] 夏伟东．思想道德修养 [M]．北京：中国人民大学出版社，2016．

[10] 刘瑞复，李毅红．思想道德修养与法律基础 [M]．北京：高等教育出版社，2018．